메타버스 비긴즈

: 인간×공간×시간의 혁명

METAVERSE BEGINS

메타버스 비긴즈

인간 x 공간 x 시간의 혁명

—
이승환 지음
—

굿모닝미디어

한국이 메타버스 시대의 글로벌 리더가 되기 위한 구체적인 방법론이 담겨 있다. 메타버스에서 기회를 찾고자 하는 모든 이들에게 강력히 추천한다.

_ 정형수, 영국 맨체스터 메트로폴리탄 대학교(Manchester Metropolitan University)
XR(eXtended Reality) 석좌교수, IAITI(International Association of
Immersive Technology Innovation) 의장, 국제 AR·VR 컨퍼런스 의장

· · · · ·

메타버스의 개념부터 전략까지 모든 것을 논리적이고 체계적으로 설명한 최고의 저서. 꼼꼼한 연구와 조사결과를 바탕으로 학술적이면서도 실용적이다. 무엇보다 답답한 현실 속에서 개인과 기업, 그리고 국가가 메타버스 혁신으로 희망의 활로를 찾기 바라는 저자의 메시지가 가슴에 와 닿는다.
올해 반드시 읽어야 하는 책이 있다면 바로 〈메타버스 비긴즈: 인간×공간×시간의 혁명〉일 것이다.

_ 장영훈, 베이징이공대학교(Beijing Institute of Technology) 관리경제대학 교수

그간 메타버스에 관해 가졌던 의문들이 하나둘씩 풀리면서, 나도 모르게 메타버스의 희로애락(喜怒哀樂)에 빠져들었다. 메타버스의 빛과 함께 그림자를 보았으며, 조직과 함께 개인을 놓치지 않았다. 가상과 현실, 두 세상 가운데서 중심을 잡을 수 있도록 무게추 역할을 하는 책이다.

_ 배순한, 딜로이트(Deloitte) 안진회계법인 이사

・・・・・・

메타버스로 공감하고 혁신하면 세상을 바꿀 수 있다는 믿음을 준 책이다. 메타버스의 중심에 인간을 놓고 경제가치의 진화를 설명하며 보여준 통찰은 모든 경제 주체들에게 이로울 것이다. 메타버스에서 기회를 찾는 이들에게 필독서로 추천한다.

_ 강영호, 숭실대학교 경제학과 교수

메타버스란 무엇인가? 왜 혁명인가? 무엇이 바뀌며, 무엇을 해야 하는가? 수많은 혁신사례와 분석에 근거하여 메타버스에 관한 근본적인 질문에 답변해 주고 있다. 혁명은 이미 시작되었다. 메타버스라는 안개 속에서 헤매는 많은 이들에게 이 책이 길잡이가 되어 줄 것이다.

_ 박찬수, 과학기술정책연구원 혁신성장전략연구본부장

• • • • • •

모호하지만 막연한 기대를 갖게 하는 메타버스에 대해 이 책은 명쾌하게 설명하고 있다. 메타버스에 대한 통찰이 탁월하다.

_ 이준우, 과학기술정보통신부 정보통신기획평가원 방송콘텐츠 PM

• • • • • •

메타버스 시대의 맥을 제대로 짚고 해석한 필독서.
풍부한 혁신사례와 이론, 논리적인 분석을 바탕으로 메타버스의 미래를 조망하고 있다.

_ 강민우, 삼성경제연구소(Samsung Economic Research Institute) 수석연구원

미래는 메타버스의 시대다. 인터넷의 등장이 인류의 삶을 바꾼 것처럼, 메타버스로 인해 현실과 가상의 경계가 허물어지며 또 다른 혁명적 변화가 예상된다. 그 속에서 새로운 기회와 도전을 꿈꾸는 분들에게 이 책을 권한다.

_ 정제호, 포스코경영연구원(POSCO Research Institute) 연구위원

· · · · ·

메타버스를 모른다면 필독해야 할 책!
메타버스를 알아도 반드시 정독해야 할 책!
이 책을 읽고 내가 알고 있던 메타버스가 빙산의 일각임을 깨달았다.
메타버스의 빛과 그림자를 체계적으로 분석하고 제시한 통찰은 가상 신대륙을 항해하는 모든 이들에게 유용한 나침반이 될 것이다.

_ 이상우, 법무법인 세종(SHIN & KIM) 방송정보통신 연구위원

내가 알던 메타버스는 빙산의 일각

인류의 미개척 분야가 있다. 우주, 바다, 뇌, 미생물, 가상세계 등이 그
것이다. 나는 그간 매우 주관적인 기준으로, 가상세계는 다른 분야보다
개척이 잘 되어 있다고 생각했다. 1969년 최초의 인터넷 알파넷부터 지
금까지 50년이 넘는 시간 동안 인터넷이 주도한 혁명은 가속화되어 오
지 않았는가? 인터넷 기반의 기기와 서비스 혁신이 일어났고, 시간이 지
나면서 어느 정도 익숙해졌다고 생각했다. 놀라운 경험을 선사했던 초
기의 인터넷 이후 스마트폰의 터치 스크린과 앱 스토어도 이제는 일상
이 되었고, 새로운 혁신은 기능의 개선으로 느껴지거나, 아주 먼 미래의
이야기처럼 들렸다.

이러한 생각은 메타버스의 진화와 이를 통해 구현되는 새로운 세상을
경험하면서 완전히 바뀌었다. 수억 명의 사람들이 메타버스에서 생활하
며 자신들의 창의력으로 가상자산을 생산하고, 판매하고, 수익을 창출
하며 이를 현실경제와 연동시키고 있음에 놀랐다. 메타버스 게임 '하프
라이프 알릭스(Half-Life : Alyx)' 안에서 내가 주인공이 되어 현실의 물

리법칙을 느꼈을 때, 그때의 전율은 아직도 잊을 수가 없다.

가상공간에서 캔을 손으로 힘껏 쥐면 압력으로 찌그러지고, 유리병을 던지면 소음과 함께 깨지고, 펜으로 유리창 벽에 낙서하고, 성냥갑을 흔들면 소리가 들리고, 지구본을 돌리면 돌아가고, 문을 당기면 열리고, 피아노를 치면 소리가 난다. 현실에서는 너무나 당연한 이 물리적 현상들이 그동안 가상세계에서는 충분히 구현되지 않았다. 대부분의 사물은 벽화처럼 움직이지도 반응하지도 않았다. 수많은 PC, 모바일 게임이 흥미로운 이야기와 몰입되는 가상공간으로 사용자들에게 즐거움을 주었지만, 새로운 메타버스 경험은 기존과는 차원이 다른 것이었다. 미지의 거대한 가상세계로 들어가는 문이 열리는 것 같았고, 그동안 내가 알고 있던 메타버스는 빙산의 일각처럼 느껴졌다. 새로운 혁명이 시작된 것이다.

인간×공간×시간의 혁명, 메타버스

미지의 가상대륙에 첫발을 딛는다는 마음으로 질문을 던지기 시작했다. 메타버스란 무엇인가? 과거와 현재, 그리고 미래의 메타버스는 어떻게 다른가? 메타버스는 혁명인가, 아니면 지나가는 트렌드인가? 메타버스가 혁명이라면 이제 비상하는 걸까? 메타버스는 어떻게 산업과 사회를 바꾸는 것일까? 메타버스로 인해 생기는 부작용은 무엇인가? 우리는 무엇을 해야 하는가? 꼬리에 꼬리를 무는 이런 질문들에 하나씩 답변해 보고자 이 책을 쓰게 되었다.

놀라운 통찰로 새로운 혁명을 연구했던 현자들의 기록을 보고, 다양한 분야의 메타버스 전문가들과 이야기하고, 계속해서 생겨나는 수많은 혁신 사례들을 살펴보면서 희로애락(喜怒哀樂)을 느꼈다. 메타버스를 통해 불가능한 꿈을 이루는 사람들을 보며 슬픔과 동시에 기쁨을 느꼈다. 메타버스로 사람들에게 놀라움을 선사하며 새로운 혁신을 만들어가는 기업들에 놀라워하고, 즐거워했다. 메타버스로 인해 야기될 위험들에 두려움과 분노를 느끼기도 했다. 메타버스는 인간과 공간 그리고 시간에 대한 기존의 관성과 고정관념을 깨고 새로운 상상을 만들어내는 혁명이다. 혁명은 이제 시작이며, 미지의 가상세계가 우리를 기다리고 있다.

헤엄칠 것인가, 배에 오를 것인가?

인터넷 혁명의 물결이 밀려왔다. 대지 위로 밀려드는 물결에 당황했고, 놀라워했다. 생활방식과 기업들의 생존전략도 바뀌었다. 대지 위에서 달리기가 중요했던 시절의 향수에 빠져 있던 기업들은 물살보다 빨리 달리려는 어리석은 생각을 했고, 수면 아래로 사라져갔다. 반대로 변화를 감지하고 헤엄치는 법을 배웠던 기업들은 생존했고, 새로운 환경에서 적응하며 새로운 기회를 찾고 성장해갔다. 이제 메타버스라는 거대한 혁명의 해일이 온다. 과거에 그러했듯 헤엄쳐서 이 해일을 피할 수 있다는 어리석은 기업들이 있을 것이고, 반대로 튼튼한 배를 만들어 승선하는 기업들이 있을 것이다. 헤엄칠 것인가, 배에 오를 것인가?

승선을 서두르자. 그리고 지평선 너머에 있는 미개척 세계, 가상 신대륙을 찾아 나서자. 이 책이 미지의 가상대륙 개척을 위한 나침반이 되길 바란다. 메타버스를 통해 답답한 현실의 한계 너머에 있는 새로운 세상을 보고, 성찰하고, 정보를 얻고, 공감하고, 꿈을 이루기 바란다. 그리고 그 성취가 현실의 새로운 활로가 될 것이라 믿는다.

이 책이 나오기까지 많은 분들의 도움을 받았다. 출판까지 전 과정을 함께해주신 이병훈 대표님, 멀리 있지만 항상 마음은 가까이 있는 용석, 재윤, 상현형, 택수, 종락, 태주와 일삼공감 친구들, 그리고 재혁, 현종과 종로친구들에게 고마운 마음을 전한다. 각자의 자리에서 빛나고 있는 상민이형, 양수, 석영, 한욱, 대규와 한양대학교 친구들, 겸손과 실력을 몸소 보여주시며 이끌어주신 박명철 KAIST 교수님, 백승익 한양대학교 교수님, 함께 생각하고 고민해준 KAIST SMIT랩 선후배님들, 한양대학교 대학원 선후배님들께도 늘 고마운 마음을 갖고 있다. 새로운 통찰로 아이디어를 주신 조원영 박사, 한상열 박사, 유재홍 박사, 김용성 교수, 심동녈 교수, 심지섭 변호사, 이종주 변호사와 소프트웨어정책연구소 분들께도 감사드린다. 또한, 한 걸음씩 계속 성장할 수 있도록 도와준 강영호 교수, 강민우 박사, 박찬수 박사와 삼성경제연구소 동료들, 김봉주 박사님, 한성수 박사님, 이성춘 박사님, 홍성준 교수님, 한철, 상호, 진민과 KT Corporate Center, KT경제경영연구소, KT마케팅연구소, 한국전자통신연구원분들께도 지면을 빌어 감사드린다.

그리고 변치 않는 신뢰와 희생으로 항상 응원해주시는 어머니와 아버지, 형, 형수님, 누나와 매형들, 조카들에게도 감사를 드린다. 마지막으로, 곁에서 항상 도와주시는 장모님, 어려운 인생길을 함께 걸으며 힘이 되어주는 아내 지연과 딸 윤아에게 고맙고, 미안하고, 사랑한다는 말을 해주고 싶다.

2021년 7월
이승환

::: **차례** :::

METAVERSE

1장

**로그인
메타버스**

BEGINS

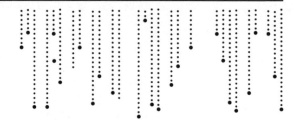

메타버스란 무엇인가?

상상이 현실이 되는 곳, 메타버스

만약 당신이 인간과 공간 그리고 시간을 만들어 낼 수 있다면 무엇을 하겠는가? 영화에서나 이루어질 법한 이런 상상이 지금 메타버스(Metaverse) 세계에서 이루어지고 있고, 현실에서도 강력한 영향을 미치고 있다.

미국의 인기 래퍼 트래비스 스콧(Travis Scott)은 현실에서 구현할 수 없는 상상의 무대를 '포트나이트(Fortnite)'라는 게임 플랫폼에서 펼쳤는데, 1,200만 명 이상의 플레이어들이 이 가상공연을 관람했다. 트래비스 스콧은 이 공연으로 오프라인 콘서트 대비 10배 이상의 수익을 창출했다. 국내에서는 가상으로 등장한 고(故) 신해철과 방탄소년단이 시공간을 초월한 합동 무대를 연출하기도 했다. 현실에 존재하지 않는 게임 캐릭터가 가상 걸그룹으로 등장하기도 하고, 실제 걸그룹이 자신의 아바타와 함께 데뷔하기도 한다. 리그 오브 레전드(LoL) 게임 안에서 존재하는 캐릭터 '아리', '아칼리', '카이사', '이블린'은 걸그룹 'K/DA'로 재탄생했는데, 이들의 곡 'POP/STARS'는 미국 아이튠즈 기준으로 K-POP 차트에서 1위를 기록했으며, 4인조 걸그룹 '에스파'는 자신의 아바타와 함께 데뷔하여 유튜브 공개 51일 만에 조회 수 1억 회를 돌파했다. 멤버 네 명은 현실 세계에서, 아바타 네 명은 가상세계에서 활동하고 때로는 함께 무대 활동을 하기도 한다. 메타버스를 통해 사별한 딸과 만나기도 한다. MBC VR 휴먼 다큐멘터리 〈너를 만났다〉에서는 엄마가 혈액암으로 갑작스레 떠나보내야 했던 7살 난 딸을 가상현실(VR, Virtual Reality) 속에서 만나 소통하는 감동의 모습을 그렸다.

트래비스 스콧의 포트나이트 공연

하이브×고(故) 신해철 합동 무대

| 가상 아바타와 함께 데뷔한 에스파(AESPA) | 가상현실 다큐멘터리 〈너를 만났다〉 |

출처 : 주요 언론 보도 및 유튜브 발췌

모여봐요, 메타버스

전 세계가 새로운 시대의 미래상으로 메타버스에 주목하고 있다. 포스트 인터넷 시대를 주도하는 새로운 패러다임으로 메타버스가 언급되고 있으며, 글로벌 IT 기업들은 메타버스를 새로운 기회로 인식하고 있다. 인공지능(AI) 컴퓨팅 기술 업체인 엔비디아(NVIDIA)의 CEO 젠슨 황은 개발자 회의에서 "메타버스의 시대가 오고 있다."고 언급했으며, '포트나이트' 게임 개발사인 에픽게임즈의 CEO 팀 스위니는 메타버스를 "인터넷의 다음 버전"이라고 표현하며 새로운 혁명의 시대를 예고했다. 국내 대표 통신기업 SK 텔레콤은 메타버스 기업으로의 변신을 선언하기도 했다.[1]

메타버스의 적용 분야는 계속 확장되고 있다. 미국 UC버클리대학은 샌드박스 게임인 마인크래프트(Minecraft)에서 메타버스 졸업식을 거행했고,[2] 국내 순천향대학교는 점프 VR을 통해 메타버스 입학식을 열었다. 또한, 프로야구 구단 한화이글스는 최초로 메타버스 출정식을 열었고,[3] DGB 금융그룹은 경영진 회의를 메타버스 플랫폼 '제페토(Zepeto)'에서 개최했다.[4]

◆ 확대되는 메타버스 적용 분야

출처 : abc7news.com, mbcsportsplus.com, 조선일보 보도자료 발췌

이처럼 메타버스 도입 사례가 빠르게 늘어나고, 언론을 통해 많은 보도가 이루어지면서 메타버스 관련 검색양도 급증하고 있는데, 이는 한국뿐만 아니라 세계적인 추세이다.

메타버스 시장도 급성장하여 2030년까지 1.5조 달러의 시장을 창출할 것으로 추정되고 있다. 메타버스 시장은 2027년 8,553억 달러로 성장하여 세계 GDP의 1%를 넘어 2030년에는 1.81%에 도달하고, 증강현실(AR, Augmented Reality) 시장의 성장이 가상현실 시장보다 클 것으로 분석되고 있다.[5]

메타버스에 대한 관심은 글로벌 IT기업 CEO의 언급, 일부 도입 사례, 검색 양 증가에 그치지 않는다. 실제 메타버스 플랫폼으로 수억 명의 이용자들이 로그인하고 있다. 2020년 3월 출시된 후, 누적 판매량이 3,000

만 개를 넘은 가상생활 소통 게임 '모여봐요, 동물의 숲'을 비롯해 2018년 8월 출시되어 2021년 전 세계에서 2억 명 넘는 사람들이 사용 중인 가상 아바타 소통 플랫폼 '제페토', 월간 활성 이용자 수가 약 1억 5000만 명에 달하는 게임형 생활 플랫폼 '로블록스(Roblox)' 등 다양한 메타버스 플랫폼으로 사람들이 모이고 있다. 도대체 메타버스가 무엇이길래 이토록 많은 관심을 받으며, 사람들이 로그인하고 있는 것일까?

메타버스의 개념과 유형

메타버스란, 가상과 현실이 상호작용하며 공진화하고 그 속에서 사회·경제·문화 활동이 이루어지며 가치를 창출하는 세상이라고 할 수 있다.[6] 메타버스는 '초월'을 뜻하는 그리스어 메타(Meta)와 '세상, 우주'를 뜻하는 유니버스(Universe)의 합성어이다. 1984년 윌리엄 깁슨(William Gibson)의 소설 《뉴로맨서(Neuromancer)》에서 사이버스페이스(cyberspace)라는 단어가 등장하여 널리 사용된 것처럼, 메타버스라는 용어 역시 1992년 닐 스티븐슨(Neal Stephenson)이 저술한 SF소설 《스노우 크래시(Snow Crash)》에서 처음 사용된 용어이다. 이 소설에서는 이미 잘 알려진 '아바타(Avatar)'라는 개념도 처음으로 등장했다. 닐 스티븐슨은 보스턴대학에서 물리학과 지리학을 전공했으며 컴퓨터와 프로그래밍에 해박한 지식을 가졌고, '뉴로맨서'의 윌리엄 깁슨과 함께 사이버 펑크[7]의 대표적인 작가로 손꼽힌다.

 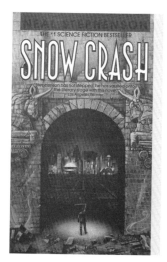

　메타버스를 연구하는 ASF(Acceleration Studies Foundation) 재단은 메
타버스를 구현 공간과 정보의 형태에 따라 크게 4가지 유형으로 구분
하고 있다.[8] 메타버스는 구현되는 공간이 현실 중심인지, 가상 중심인지
그리고 구현되는 정보가 외부 환경정보 중심인지, 개인·개체 중심인지
에 따라 4가지 유형으로 분류된다. 첫 번째 유형인 증강현실(Augmented
Reality)은 현실에 외부 환경정보를 증강하여 제공하는 형태이다. 두 번
째 라이프 로깅(Life logging)은 개인(혹은 사물)이 현실에서 활동하는 정
보가 가상과 연결돼 통합되는 형태이다. 예를 들어, 현실에서 웨어러블
시계를 차고 운동을 하면 나의 심박 데이터와 내가 운동한 동선이 그대
로 스마트폰 앱 화면에 나타나게 되는 것이다. 세 번째 거울세계(Mirror
Worlds)는 가상공간에 외부의 환경정보가 통합된 구조이다. 네 번째 가
상세계(Virtual Worlds)는 완전히 가상으로 구현된 공간에서 개인(혹은 사

물)이 존재하고, 그 안에서 생활하는 것이다. '제페토'를 비롯한 다수의
게임이 대표적인 사례이다.

◆ 메타버스의 4가지 유형

출처: Acceleration Studies Foundation(2006), "Metaverse Roadmap, Pathway to the 3D Web"

메타버스의 4가지 유형은 독립적으로 발전하다 최근 상호작용하면서
융·복합 형태로 진화하고 있다. 언택트(Untact) 시대에 홈트레이닝의 대
안으로 주목받는 있는 '고스트 페이서(Ghost pacer)'라는 서비스는 증강
현실(AR) 안경(Glass)을 활용하여 현실에 가상의 러너(runner)를 생성하
고 이를 라이프 로깅(life logging) 데이터와 연결한다. 증강현실 안경에
보이는 아바타의 경로와 속도를 설정해 실시간 달리기가 가능하며 운동
앱, 애플워치와도 연결된다.

◆ <u>고스트 페이서(Ghost Pacer), 홈트레이닝의 대안</u>

출처 : The Ghost Pacer, https://www.youtube.com/watch?v=wKEW_c6NEIU

호핀(Hopin), 티오(Teooh) 등의 기업이 제공하는 가상 컨퍼런스 및 이벤트에서는 가상 속에서 진행되는 회의와 네트워킹 등 모든 활동이 라이프 로깅으로 연계되어 사후 성과 측정이 가능하다. 행사가 얼마나 홍보되었는지 비용대비 효과는 얼마인지 측정할 수 있다. 참가자들의 이모티콘 감정표현, 동선, 네트워킹 시간 등 데이터를 기반으로 성과를 분석할 수 있다. 티오를 통해 개최된 가상 컨퍼런스에서 1시간가량 패널 토론이 끝난 뒤, 참석자들은 평균 2시간 동안 플랫폼에 남아 네트워킹을 하는 것으로 측정되었다.

◆ 티오(Teooh)의 가상 컨퍼런스 장면

출처 : www.teooh.com

  이외에도 가상세계와 거울세계가 결합된 구글어스(Google Earth) VR,
증강현실과 거울세계가 결합된 구글지도(Google Map) + 증강현실 등
다양한 융합이 진행 중이며, 향후 상호작용이 가속화되면서 미래 메타
버스를 형성할 전망이다.[9]

현실 위에 가상정보가 입혀진 증강환경

증강현실   라이프 로깅

· **고스트 페이서**
(증강현실 + 라이프로깅)

외부환경
중심의 정보   내부, 개인,
정체성 중심의
정보

· **구글어스 지도 + 증강현실**
(거울세계 + 증강현실)

· **가상컨퍼런스 라이프 로그**
(라이프로깅 + 가상세계)
· **구글어스 VR**
(거울세계 + 가상세계)

거울세계   가상세계

시뮬레이션된 가상환경

출처: Acceleration Studies Foundation(2006), "Metaverse Roadmap, Pathway to the 3D Web"
SPRi 재구성

디지털 우주, 메타버스

새로운 개념을 이해하기 위해서는 적절한 비유가 필요한데, 유니티 CEO인 존 리치텔로(John Riccitiello)의 언론 인터뷰 내용과 메타버스 커뮤니티 멤버인 티안(TiAnn)이 그린 메타버스 그림을 조합하고 재해석해 보면 메타버스를 이해하는 데에 도움이 된다. 존 리치텔로는 "메타버스는 다양한 사람들이 운영하는 공간 속을 서로 방문하며 살아가는 일종의 소우주 같은 것이 될 것"이라고 언급했다. 물리적인 지구와 함께 다양한 가상 행성들이 존재하고, 사람들은 이 행성들을 오가며 살아가게 된다는 것이다. 이 가상 행성들이 무수히 많이 존재하고 또 연결되어 있어 이를 소우주라고 표현한 것이다.

티안은 가상의 행성을 만드는 원천이 인류의 창조력에 기반하여 형성된다는 측면에서 이를 '창조의 축(Pillars of creation)'이라 표현하고 형상화했다. 이를 종합해 재해석하면, 가상의 행성을 만드는 '창조의 축'은 인간의 창의력과 기술의 조합으로 만들진 것이며, 빅데이터, 블록체인과 같은 데이터 기술(D, Data Technology), 5G와 같은 네트워크(N, Network), 인공지능(A, Artificial Intelligence), AR, VR, 홀로그램을 총칭하는 XR(eXtended Reality, 가상융합) 등이 대표적인 기술이다. 이를 단순화하면, 창조의 축=인류의 창의력(Creative Thinking)×(D.N.A+XR)의 개념으로 이해할 수 있다.

한편 XR은 주로 '확장현실'이란 말로 통용되고 있으나 이 책에서는 '가상융합'이란 말로 통일해 쓰고자 한다.

물리적인 지구에서 사람들은 창의력과 D.N.A+XR을 활용하여 새로운 가상의 행성들을 계속해서 만들어 왔고, 앞으로도 계속 만들 것이다. 그리고 이렇게 생긴 무수히 많은 가상 행성들은 서로 연결되어 디지털 우주를 구성할 것이다. 이미 잘 알려진 메타버스 행성 '포트나이트'에 3.5억 명, '제페토'와 '마인크래프트'에 2억 명, '로블록스'에는 1.5억 명이 물리적 지구와 가상 행성을 오가며 살고 있다. 흥미진진한 점은 앞으로 수없이 많은 새로운 가상 행성들의 탄생이 예고되어 있다는 것이다.

◆ 창조의 축, 디지털 우주 그리고 메타버스

출처 : Pillars of Creation(Photo credit : TiAnn, a Metaverse Community member)
기반 저자 재구성

2

메타버스에 관한 오해와 진실

메타버스와 관련해 가장 자주 받는 질문들을 되새겨보면 메타버스에 대한 오해와 진실이 있음을 느끼게 된다. 메타버스에 관한 첫 번째 오해는 "메타버스는 갑자기 툭 튀어나온 개념이다."라는 것이다. 메타버스는 오래전부터 존재해 왔다. 메타버스는 이미 소설에서 30년 전에 언급되었고, 2003년 '세컨드 라이프(Second Life)'를 통해서 서비스로 구현되며 조명을 받았었다. 가상현실 서비스인 세컨드 라이프는 2003년 출시되어 3년 동안 100만 플레이어를 확보하면서 전 세계적인 주목을 받았다. 이후 모바일 혁명의 시대에 대응하지 못해 SNS로 이용자들이 대거 이탈했으나, 세컨드 라이프는 SNS가 나타나기 전에 메타버스의 세계를 현실화한 가상세계로 평가받는다. 세컨드 라이프를 만든 미국의 벤처기업 린

든랩(Linden Lab)의 대표 필립 로즈데일(Philip Rosedale)은 "세컨드 라이프는 '스노우 크래시'에 묘사된 가상세계를 구현하려는 계획이었다."고 언급한 바 있다.

메타버스 관련 두 번째 오해는 "메타버스는 30년 전에는 존재하지 않았다."라는 것이다. 메타버스라는 용어가 30년 전에 소설에서 처음 언급되었으니 당연하지 않은가. 하지만, 인류는 훨씬 오래전부터 가상세계에 관심을 가져왔다. 단지 메타버스라는 용어를 사용하지 않았을 뿐이다.

1840년 영국의 물리학자 찰스 휘트스톤(Charles Wheatstone)은 하나의 물체를 두 장의 사진을 통해 겹쳐 보이게 하는, 일종의 착시현상 기술인 반사식 입체경(Mirror Stereoscope)을 개발했다.[10] 입체경의 기본원리는 오늘날의 가상현실 헤드셋 오큘러스(Oculus)에 적용된 핵심원리이기도 하다.[11] 이후, 1930년대에는 에드윈 링크(Edwin Link)가 비행 훈련 시뮬레이터기를 만들었고, 1957년 할리우드의 촬영 기사 모튼 하일리그(Morton Heilig)는 지금의 오락실 오토바이 게임과 유사한 '센소라마(Sensorama)'라는 시스템을 개발했다. 당시 25센트를 내면 맨해튼을 배경으로 바이크를 타고 달리는 체험을 할 수 있었다. 이 시스템은 관람객에게 오감 체험을 제공하는 것이 목적이었다. 양안식 3D 카메라 이미지를 와이드 앵글로 보여줬으며, 관람 좌석이 진동하거나 선풍기로 바람을 일으켜 냄새까지 구현해냈다. 하지만 당시 이 시스템의 미래 가치를 이해하는 사람은 없었고, 재정적 지원이 이어지지 못해 추가 개발은 중단됐다.[12] 이처럼 가상공간에 오감을 전달하기 위해 인류는 오래전부터 노력해왔으며, 향후 기술의 진화가 가속화되면서, 메타버스 공간은 더욱 고도화되고 지능화될 것이다.

◆ VR, AR의 발전과정

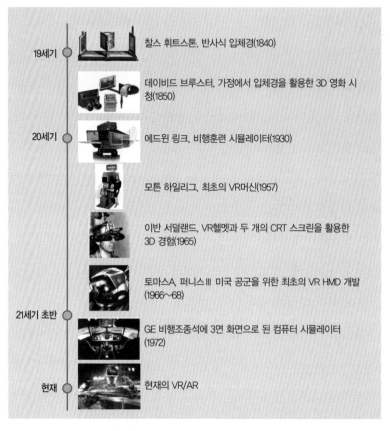

19세기	찰스 휘트스톤, 반사식 입체경(1840)
	데이비드 브루스터, 가정에서 입체경을 활용한 3D 영화 시청(1850)
20세기	에드윈 링크, 비행훈련 시뮬레이터(1930)
	모튼 하일리그, 최초의 VR머신(1957)
	이반 서덜랜드, VR헬멧과 두 개의 CRT 스크린을 활용한 3D 경험(1965)
	토마스A, 퍼니스Ⅲ 미국 공군을 위한 최초의 VR HMD 개발 (1966~68)
21세기 초반	GE 비행조종석에 3면 화면으로 된 컴퓨터 시뮬레이터 (1972)
현재	현재의 VR/AR

출처 : 동아 비지니스 리뷰(2016.8), "원초적 재미에 빠진 AR/VR 산업현장, 고객체험의 틀이 돼야 산다."

세 번째 오해는 "메타버스는 가상융합(XR) 기술이다."라는 것이다. 기술적인 측면에서, 가상융합은 메타버스를 구성하는 핵심기술임에는 틀림이 없다. 하지만 메타버스는 가상융합기술, 데이터 기술, 네트워크, 인공지능 등의 기술과 유기적으로 연계되어 총체적 경험을 제공할 때 비로소 진가가 발휘된다. 서비스 관점에서 증강현실과 가상현실은 메타버스로 구현되는 서비스의 한 형태이지 전부는 아니다. 앞서 말했듯 메타버스는 증강현실, 라이프 로깅, 거울세계, 가상세계 등 크게 네 가지 형태로 구분되며, 이 네 가지 형태도 융복합을 통해 다양한 조합의 서비스로 진화하고 있다.

네 번째 오해는 "메타버스는 게임이다."라는 것이다. 메타버스의 진화에 있어서 게임은 매우 중요한 비중을 차지하고 있다. 게임을 통해서 가상공간은 계속 발전해 왔고, 그곳에서 플레이어들은 생활하고 즐거움을 느껴왔다. 또한, 앞으로도 더욱 진화하고 발전할 것이다. 다만, 게임 자체가 메타버스는 아니다. 메타버스는 게임을 넘어 일하는 방식을 바꾸고, 사회경제 전반에 변화를 일으키는 패러다임 변화이기 때문이다. 이에 관한 다양한 사례와 구체적인 논의는 3장과 4장에서 자세히 다루고자 한다.

다섯 번째 오해는 "메타버스는 일시적인 트렌드다."라는 것이다. 2003년 세컨드 라이프로 주목받았던 이후, 메타버스가 관심에서 멀어지고, 2016년 포켓몬고의 열풍으로 다시 세간의 관심을 받았으나 다시 비상하지 못한 채 현재 상황에 직면하고 있다. 경험 효과 관점에서 이러한 의견이 제기되는 것은 어쩌면 당연하다. 하지만, 기술과 경제가치의 진화, 투자관점에서 분석해 보면 왜 메타버스가 인터넷 이후의 혁명인지 이해할 수 있다. 이 논의는 2장에서 보다 구체적으로 논의한다.

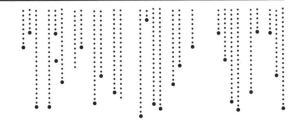

과거 vs 현재의 메타버스

높아진 자유도, 넓어진 적용 분야, 고도화된 기술기반

　과거의 메타버스와 현재의 메타버스는 융합의 수준, 플랫폼 자유도와 적용 분야, 기술기반, 경제활동, 소유권 등 다양한 측면에서 차이가 있다. 2000년대 초반의 메타버스는 게임, 생활·소통(Life communication) 서비스가 독립적으로 제공되면서 시작되었다. 최초의 디지털 게임 등장 이후, 게임엔진 제작 플랫폼의 확산으로 게임은 2D에서 3D로 진화하면서 가상세계의 주류를 형성했다. 최초의 전자게임은 1958년 윌리엄 히긴보덤(William Higinbotham)이 개발한 '테니스 포 투(Tennies for two)'[13]이며, 1998년 언리얼(Unreal), 2004년 유니티(Unity) 등 게임제작 엔진의 보급으로 3D 전환이 가속화되었다. 게임과 함께 PC 기반의 싸이월드, 세컨드 라이프 등 가상생활·소통 메타버스가 등장하며 주목받다가, 편리성과 휴대성을 제공하는 모바일 기반의 페이스북 등 SNS 서비스로 사용자가 이동했다. 1999년 PC, 2D 기반으로 서비스를 시작한 싸이월드는 한때 회원 수가 3,200만 명을 돌파하는 성장을 보였으나, 2020년 사업을 종료한 후 2021년 '싸이월드Z'로 부활을 예고하고 있다.[14]

기존의 게임은 목표 해결, 경쟁 중심으로 대부분 진행되었으나 최근 주목받는 메타버스 게임 플랫폼은 생활·소통 공간을 별도로 제공하거나, 특화하는 방식으로 운영되고 있다. 에픽게임즈의 '포트나이트'는 게임 경쟁 공간인 배틀로얄(Battle Royal)과 생활·소통, 문화공간인 파티로얄(Party Royal)을 별도로 운영하고 있으며, '제페토'와 '모여봐요, 동물의 숲' 등은 생활·소통 공간을 특화하는 방식으로 접근하고 있다.

메타버스의 적용 범위도 기존의 B2C(Business to Customer), 게임 분야 중심에서 다양한 산업군에 활용되는 B2B(Business to Business), 공공 및 사회 분야인 B2G(Business to Government) 영역으로 확대되어 가고 있다.

기술 측면에서도 과거와 현재의 메타버스는 차이가 존재한다. 과거의 메타버스는 PC, 2D 중심으로 제공되었으나, 최근의 메타버스는 3D 기반의 PC, 모바일, HMD(Head Mount Display), 안경 등 웨어러블(Wearable) 기기들로 활용이 확대되어 가고 있고, D.N.A+XR기술이 융합되면서 메타버스 서비스도 지능화되어 가고 있다. 과거 PC·인터넷 기반의 콘텐츠는 평면적이고 정적인 측면이 강하나, 최근의 메타버스 콘텐츠는 가상공간에서 직접 만든 다양한 객체를 통해 공감각적 체험과 시뮬레이션이 가능하다.

소비 중심 → 생산과 소비의 선순환 구조

　과거의 메타버스는 플레이어 대부분이 공급자가 제공하는 가상자산을 구매하는 소비 중심으로 형성되어 있었고 가상자산의 거래도 서비스 제공자의 제약하에 이루어졌다. 최근의 메타버스는 이용자 중심, 생산과 소비의 연계, 현실경제와의 연관성이 높아지는 방향으로 변화하면서 이용자가 급증하고 있다. 메타버스 내의 생산 플랫폼을 활용하여 플레이어 자신이 직접 가상자산을 생산할 수 있고 이를 통해 수익을 창출할 수도 있다. 판매로 인한 수익은 현실에서도 사용할 수 있다. 게임형 생활 플랫폼 '로블록스(Roblox)'의 월간 활성 이용자 수는 1억 5천만 명 수준이고, 로블록스 스튜디오를 통해 8백만 명의 이용자가 만든 게임은 5,000만 개가 넘으며, 이들의 수익은 2018년 71.8백만 달러에서 2020년 328.7백만 달러로 급증했다.

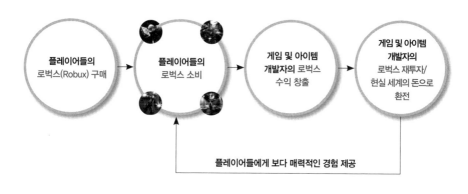

출처 : ROBLOX(February 26, 2021) Investor Day 발표 발췌

제페토는 2018년 출시 후 가입자 수가 2억 명이 넘었고, 6만 명이 넘는 크리에이터(Creater)들이 제페토 스튜디오를 통해 만든 아이템을 판매하며 수익을 창출하고 있다. 이용자 제작 아이템이 전체 아이템 판매의 80% 이상을 차지하며, 의상은 하루에 7,000~8,000개씩 신제품이 제작되고 있다.[15] 포트나이트 사용자는 3억 5,000만 명 수준이며, 미국 가수 트래비스 스콧은 게임 내 파티로얄(Party Royal)을 통한 가상 콘서트로 오프라인 대비 10배 이상의 매출을 달성했다.

◆ 로블록스, 제페토 스튜디오

출처 : ROBLOX(February 26, 2021) Investor Day 발표, 제페토 홈페이지

가상자산의 소유권 개념 강화

사용자들이 메타버스 내에서 생산활동에 적극적으로 참여하게 되면서 자신이 만든 가상자산에 대한 소유권 관리가 매우 중요해졌다. 가상자산을 관리하는 기술로 '대체 불가능 토큰(Non-Fungible Token)'이 주목받으면서 메타버스에 적극 활용되고 있다. 대체 불가능 토큰의 약어인 NFT는 메타버스의 다양한 사용자 창작 콘텐츠(User Generated Contents, UGC)에 희소성과 소유권을 부여할 수 있다. NFT는 블록체인 기술을 활용해 음악과 영상 등 특정 디지털 창작물에 별도의 고유한 인식 값을 부여하여 위변조가 어렵고, 특정인의 소유권 정보를 기록할 수 있다. NFT는 생성일시, 크기, 창작자 서명, 소유권·판매 이력 등의 디지털 창작물 정보를 블록체인 데이터로 저장하고, 해당 창작물은 원본이 있는 사이트나 원본 보호를 위한 분산저장시스템(Inter-planetary File

메타버스 비긴즈 : 인간×공간×시간의 혁명

System)에 보관된다. 비트코인 등 상호 교환이 가능한 기존의 디지털 토큰(Fungible Token)과는 달리, NFT는 각 토큰이 고유한 값을 가지고 있어 다른 NFT로 대체가 불가능하다.

◆ NFT의 4가지 장점

위조하기 어려움	추적하기 쉬움
복제가 어려워 희소성을 더 잘 보장할 수 있고, 위조품으로 인해 가치가 무너지지 않도록 보장	블록체인 데이터는 공개적이고 투명하며 누구나 NFT의 출처, 발행 시간/횟수, 소유 이력 등 정보 확인이 가능
부분에 대한 소유권	**순환 증가**
부분에 대한 소유권을 인정해, 토큰을 1/n과 같은 형태로 나눠서 거래 가능	게임을 예로 들면, 아이템이 NFT로 만들어지면 플레이어는 아이템의 진정한 소유권을 얻게 되고 NFT 경매 시장에서 자유롭게 거래 가능

출처 : KB금융지주 경영연구소(2021), "블록체인 시장의 다음 메가 트렌드, NFT"

그동안 디지털 창작물은 무한히 복제될 수 있어 희소가치가 낮았으나 NFT로 한정된 수량의 창작물에 대해 선택적으로 소유권 부여·양도가 가능해져 창작물의 희소성, 상징성, 제작자 명성 등에 기반한 가치 산정이 가능해졌고, 이로 인해 거래가 활성화되는 계기가 마련되었다.

전 세계 NFT 시장의 거래액은 2019년 약 6,200만 달러(약 686억 원)에서 2020년 약 2억 5,000만 달러(약 2,760억 원) 규모로 전년 대비 4배 급증했다.[16] 트위터 CEO 잭 도시(Jack Dorsey)는 본인의 첫 번째 트윗(Tweet) 소유권을 NFT 방식으로 경매하여 291만 달러(약 3억 원)에 낙찰받았다. 또한, 디지털 예술품에 NFT를 적용하여 소유권 생성 및 거래가 가능해지면서, NFT 예술품 거래액은 2020년 11월 260만 달러에서 동년 12월 820만 달러까지 증가했다.[17]

메타버스 사용자는 NFT를 활용해 자신의 디지털 창작물을 상품화하여, 이를 암호화폐 등으로 대가를 받고 판매해 수익을 창출할 수 있다. 메타버스 창작물을 제작하고 판매하는 거래를 통해 창작자가 얻은 소득이 현실 세계의 화폐로 환전이 가능해지면서 메타버스 기반의 현실과 가상이 융합된 경제가 촉진될 수 있다.

더 샌드박스(The Sandbox), 디센트럴랜드(Decentraland), 업랜드(Upland) 등 블록체인 기반의 메타버스 게임 플랫폼들은 사용자들이 직접 NFT 아이템을 만들고 거래를 통한 수익 창출을 가능하게 하여 콘텐츠 다양화와 지속적인 사용자 유입을 촉진 중이다.

더 샌드박스는 사용자들이 게임 내 가상공간과 아이템을 NFT로 제작해 소유권을 확보하고, 샌드박스 암호화폐인 샌드(SAND)로 거래할 수 있다.

디센트럴랜드(Decentraland) 게임 안에서는 토지(LAND)의 소유권을 NFT로 기록하여 구매·판매가 가능하며, 디센트럴랜드 암호화폐인 마나(MANA)를 사용한다.

업랜드(Upland)는 가상의 부동산 시장 게임 서비스로, 실제 현실 주소를 바탕으로 만든 가상의 부동산 증서를 NFT로 만들고 업랜드 암호화폐인 UPX로 거래할 수 있다.

향후 NFT 기반의 메타버스 생태계가 확장되고, 다른 메타버스 간의 NFT 창작물을 활용할 수 있는 NFT 상호 호환성이 가능해진다면 NFT의 활용가치는 더욱 높아질 전망이다.[18]

이렇듯 NFT의 장점과 메타버스에서의 활용 및 투자 가치 대한 관심이 높아지고 있으나, NFT 활용이 활성화되면서 나타나는 위험요인도 존재한다. 창작자가 아닌 다른 사람이 먼저 창작물을 NFT로 등록해 소유권을 주장한다거나, 패러디물 등 2차 창작물의 NFT 소유권이 원저작물의 저작권을 침해할 우려 등이 제기될 수 있다.[19] 과거의 메타버스와 현재의 메타버스를 종합 비교하면 아래와 같다.

◆ 과거 vs 현재의 메타버스 비교

	과거 메타버스	현재 메타버스
자유도/ 적용 분야	• 미션 해결, 목표달성, 경쟁 중심 게임 (ex. RPG, MMORPG 등) • 독립적 가상 생활/소통 공간 (ex. Cyworld, Second Life) • B2C 분야 중심	• 게임 + 가상 생활/소통 공간(협력, 여가, 문화) 융합 → 이용자가 선택적 활용 (ex. ROBLOX, Minecraft, Fortnite 등) • 가상공간, 아바타를 활용한 생활/소통 특화 플랫폼 (ex. 제페토, 동물의 숲 등) • B2C + B2B + B2G, 경제 · 사회 전반
기술 기반	• PC, 2D 중심 • Data Tech, Network, AI, XR 독립적 발전	• PC, Mobile, HMD, Wearable 기기, 3D • D.N.A + XR 융합 및 진화
경제 활동	• 플랫폼 내 아이템 구매 등 소비 중심 • 공급자가 제공/제약하는 아이템 거래 (Service Provider Centric)	• 이용자가 게임/아이템/가상공간을 쉽게 개발/제작/ 활용할 수 있는 생산 플랫폼이 존재 (ex. ROBLOX STUDIO, 제페토 STUDIO) (ex. ROBLOX 內 릴 나스엑스 공연 3,000만명, Fortnite 內 트래비스 스콧 공연 1230만명) • 판매도 가능하고 수익은 현실 경제와 연동
소유권	• 구매한 가상 자산에 대한 관리 중심	• 생산한 가상 자산에 대한 소유권 관리가 중요 • NFT(Non-Fungible Token)과 메타버스와의 결합이 확대

METAVERSE

2장

메타버스
혁명

BEGINS

왜 메타버스는 혁명인가?

인터넷 혁명 vs 메타버스 혁명

에픽게임즈 CEO인 팀 스위니(Tim Sweeney)는 2019년에 "포트나이트는 게임인가, 플랫폼인가?"라는 질문을 받자 트위터에 "포트나이트는 게임"이라고 답하고는 곧이어 "하지만, 12개월 후에 다시 질문해 달라"고 했다. 이는 곧 포트나이트가 새로운 플랫폼이 될 것이라는 의중이 담겨 있었고, 더 정확히는 메타버스 플랫폼을 의미한다. 이후에 포트나이트는 게임을 넘어서 공연을 함께하는 문화공간으로 진화했고, 3.5억 명의 사람들은 이 메타버스 플랫폼과 현실을 오가며 살고 있다. 팀 스위니는 메타버스를 '인터넷의 다음 버전'으로 언급하며 새로운 미래를 예고했다. 메타버스가 인터넷의 다음 버전이라면, 인터넷 시대의 혁명과 메타버스가 가져올 혁명은 어떤 차이점이 있는 것일까? 메타버스가 넥스트(Next) 인터넷 혁명인지는 세 가지 관점에서 분석해 볼 수 있다. 첫째 편의성, 상호작용, 화면·공간 확장성 측면에서 기존의 인터넷 시대와 메타버스 시대는 차이가 존재하는가? 둘째 기술적 측면에서 메타버스를 구성하는 핵심기술들은 혁명적 변화를 일으키는 범용기술인가? 셋째, 경제가치의 진화 측면에서 메타버스는 혁명의 동인인가?

편의성, 상호작용, 화면 · 공간 확장성 측면

PC, 모바일 기반의 인터넷 시대와 메타버스 시대는 편의성, 상호작용 방식, 화면·공간 확장성 측면에서 차이가 존재한다. 모바일 기술이 급격히 발달하며 관련 기기의 소형화와 경량화 경향은 자연스럽게 신체 부착 시도로 이어졌다. 실제로 손에 들고 다니는 기기는 떨어뜨리거나 잃어버릴 우려가 있지만, 기기를 몸에 착용시킬 수 있다면 훨씬 안정적이면서도 기동력 있게 활용할 수 있을 것이다. 웨어러블(Wearable), 즉 옷이나 장신구처럼 몸에 붙이고 다닐 수 있는 기기가 본격적으로 개발되기 시작한 건 그 때문이다.[1] 증강현실(AR)을 지원하는 AR 글래스(Glass), 시계 등의 기기가 휴대에서 착용의 시대로 발전해 나가면서 편의성이 증대하고 있다. 시장조사기관 IDC에 따르면 2020년 글로벌 웨어러블 디바이스 시장의 규모는 690억 달러를 돌파하여 전년 대비 49% 증가하

였고. 2021년에는 815억 달러를 기록할 것으로 전망되고 있다.[2]

상호작용 측면에서 인터넷 시대에는 키보드, 터치 방식을 활용하였으나, 메타버스 시대에는 음성, 동작, 시선 등 오감을 활용한다. 최근 페이스북 리얼리티 랩(Facebook Reality Lab)은 AR 안경과 적합한 입력장치로 뇌-컴퓨터 인터페이스(BCI, Brain Computer Interface)를 활용한 손목형 기기에 주목하고 있다. 손목은 시계를 착용하는 위치이므로 일상생활이나 사회적 상황에 적절하게 어울릴 수 있고, 온종일 기기를 착용하기에도 편안한 부위이다. 또 세상과 소통하기 위해 주로 사용되는 수단인 손과도 바로 연결되어 있어 손의 광범위한 제어 능력을 활용할 수 있다. 그렇게 되면 직관적이고 효과적이며, 만족스러운 상호작용이 가능하다.[3]

또한, 2D 웹(Web) 화면에서 화면의 제약이 사라진 3D 공간 웹으로 발전하고 있다. PC, 스마트폰은 3차원 현실 세계의 정보를 2D 화면으로 제공하나, 증강현실(AR)은 화면제약을 넘어 현실이 화면이 되고, 가상현실(VR)은 3D 공간에서 정보를 구현한다. 증강현실 안경은 휴대폰처럼 좁은 손바닥으로 이용자의 관심을 유도하는 대신, 이용자가 보는 것과 같은 시선에서 세상을 바라보게 한다. 때문에, 처음으로 사람을 컴퓨팅 경험의 중심에 두고, 디지털 세계를 3차원으로 실현해 실제 세상에서의 커뮤니케이션, 탐색, 학습, 공유, 활동이 가능하다.[4] 칼럼니스트 마크 페스케(Mark Pesce)는 ABC와의 인터뷰에서 "화면을 내려다보는 것은 자연적인 한계에 도달했다. 다음 화면은 우리가 절대 내려다보지 않는다. 세상이 곧 화면이고, 우리가 보는 것과 완벽하게 통합될 것이기 때문이

다."라고 언급했다.[5]

◆ 주요 속성별 메타버스와 인터넷 시대의 차이점

	인터넷 혁명		메타버스 혁명
	메인프레임, PC (2D Web)	모바일 (2D Mobile Web, APP)	웨어러블 XR(AR/VR) (공간 웹, 3D 웹)
	메인프레임 ／ PC	모바일 폰 ／ 스마트폰	XR
연결·이동성	低 — 인터넷 — 2G — 3G — 4G — 5G → 高		
편의성	低 — 고정 — 휴대 — 착용 → 高		
상호 작용성	기계 중심 — 마우스 키보드 — 터치 — 오감(동작, 시선 등) → 인간 중심		
화면·공간 확장성	低 — 스크린 3D — 화면제약 無, 3D → 高		

출처 : Deloitte(2020), "The spatial Web and Web 3.0"; Acceleration Studies Foundation(2006)
재구성

범용기술과 메타버스

범용기술(General Purpose Technology)은 경제 전반에 적용되어 생산성을 높이고 다른 기술과의 상호 보완작용을 통해 기술적 조력자로서 산업혁신에 기여하는 기술이다.[6] 범용기술은 역사적으로 영향력이 큰 소수의 파괴적 기술로, 여러 산업에 공통으로 활용되어 혁신을 촉진하고 진화가 빠른 기술을 의미한다. 과거부터 범용기술은 산업과 사회에 혁명을 견인해 왔으며, 18세기 말 증기기관, 20세기 초 전기, 20세기 말 인터넷 등은 범용기술의 주요 사례이다.[7] 우리가 인터넷 시대를 혁명이라 부르는 이유도 인터넷, 컴퓨터라는 범용기술이 산업과 사회에 커다란 영향을 미쳤기 때문이다.

◆ 역대 주요 범용기술(General Purpose Technology)

No	GPT	No	GPT	No	GPT	No	GPT
1	농경	7	철	13	철로	19	대량생산 연속 공정 공장
2	가축 사육	8	물레방아	14	철제 증기선	20	컴퓨터
3	광석 제련	9	돛 3개 범선	15	내연기관	21	Lean 생산방식
4	바퀴	10	프린팅	16	전기	22	인터넷
5	문자	11	증기기관	17	자동차	23	생명공학
6	청동	12	공장 시스템	18	비행기	24	나노 기술

출처 : Lipsey, R.G., K.I. Carlaw 외(2008), Economic transformations: GPT and Long-term Economic Growth, Oxford University Press

메타버스는 다양한 범용기술이 복합 적용되어 구현되며 이로 인해 가상과 현실의 경계가 사라지고 있다. 가상융합기술(XR, eXtended Reality)×데이터 기술(D, Data Technology)×네트워크(N, Network) 기술, 인공지능(A, Artificial Intelligence) 등이 적용되는 대표적인 범용기술이다. 가상융합기술(XR)은 전 산업과 사회에 영향을 미치는 범용기술로,[8] 인간이 정보와 상호작용하는 방식을 근본적으로 변화시키며 제품 및

메타버스 비긴즈 : 인간×공간×시간의 혁명

서비스 개발, 의료, 훈련, 프로세스 혁신, 소매 등 전 산업 분야에서 적용될 전망이다.[9]

◆ 가상융합기술(XR)의 분야별 시장전망(단위, Billion 달러)

출처 : PWC(2019), "Seeing is Believing
: How VR and AR will transform business and the economy"

빅 데이터, 5G 네트워크, 인공지능도 혁신의 인프라 역할을 하는 범용 기술이며, 전 산업과 사회에 활용되는 특징을 가지고 있다.[10] 인공지능의 분야별 활용 효과는 아래 그림과 같다.

◆ 분야별 인공지능 활용 효과

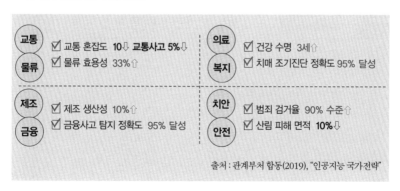

출처 : 관계부처 합동(2019), "인공지능 국가전략"

즉, 메타버스는 다양한 범용기술의 복합체, 가상융합기술(XR)+데이터 기술(D)×네트워크(N)×인공지능(A) 기술로 구현되어 현실과 메타버스 세계를 연결하고 새로운 가치를 창출한다. XR+D.N.A 기술이 융합되어 보다 정밀하고, 실시간 상호작용이 가능하며, 이동성이 극대화된 지능적 가상융합기술(XR) 서비스가 가능해지면 메타버스는 산업 전반으로 활용돼 확산할 것이다.

◆ 메타버스와 복합 범용기술

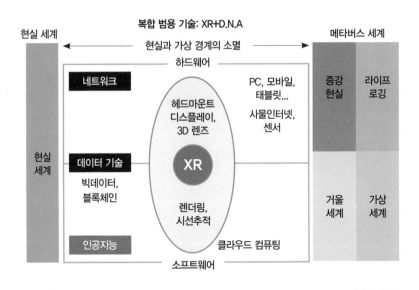

출처 : SW정책연구소(2021), "로그인 메타버스 : 인간×공간×시간의 혁명"

경제가치의 진화와 메타버스

"경험경제에 오신 것을 환영합니다(Welcome to the Experience Economy)." 1998년 〈하버드 비즈니스 리뷰〉에 기고된 이 글은 당시 경제가치의 진화를 경험이라는 측면에서 해석하여 큰 호응을 얻었다. 저자인 조셉 파인(Joseph Pine)은 농업경제구조에서는 미가공 재료를 추출하여 사용했고, 대량생산 체제가 갖추어지면서 제품 중심의 경제로 변모했으며, 이후 서비스 경제로 발전하게 되었다고 설명하고 있다. 조셉 파인은 서비스 경제 이후, 새로운 경제가치의 핵심개념으로 경험(Experience)을 제시했다. 소비자들은 기억에 남을 만한 개인화된 경험에 지불용의가 높고 이에 맞는 제품과 서비스를 제공하는 것이 '경험경제(Experience economy)'의 핵심이라고 설명했다.[11]

커피를 예로 들어보자. 농업경제 시대에는 커피의 원재료인 원두를 재배하고 추출하여 사용했고, 이후 원두는 대량생산 체제로 제조돼 보급되었으며, 커피는 서비스 산업으로 발전하게 되었다. 그리고 현재 커피는 스타벅스를 통해 경험재로 재탄생하였다. 스타벅스 커피의 원두 원가는 1잔당 약 14원이지만, 소비자가 지불하는 금액은 4천 원이 넘는다.[12] 경험경제의 개념이 발표된 후 20년이 지난 지금, 경험경제는 가상융합경제 혹은 실감경제(Immersive Economy)[13]로 발전해 나가고 있는데, 이런 변화의 기술 동인은 XR＋D.N.A이다. 가상융합경제는 가상융합기술(XR)을 활용해 경제활동(일·여가·소통) 공간이 현실에서 가상·융합세계로까지 확장되어 새로운 경험과 경제적 가치를 창출하는 경제이다.[14] 그러므로 XR+D.N.A 기술은 시간, 공간 측면에서 경험 영역을 확장하여 가상과 현실이 융합된 경험 가치를 제공할 것이다.

◆ XR+D.N.A로 인한 경험 영역의 확장

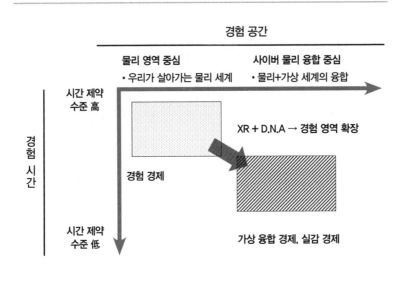

출처: John Dewey(1938) 경험이론의 대표적 사상인 상호작용(공간 통합),
연속성(시간 통합) 원리를[15] 응용하여 작성"

이제 우리는 스타벅스 커피를 모바일로 주문하고, 오프라인 매장에 도착해서 대기하지 않고 받아갈 수 있다. 경험의 가치가 온라인으로 확대된 것이다. 이제 경제적 가치는 가상과 현실이 융합되는 메타버스 경험으로 진화하고 있다. 스타벅스 상하이 리저브 로스터리(Reserve Roastery)는 메타버스 경험을 극대화하기 위해 증강현실(AR)을 적용하고 있다. 고객들은 리저브 로스터리 매장에서 커피가 만들어지는 전 과정을 직접 보면서 커피를 즐길 수 있다. 스타벅스는 알리바바와 협업해 증강현실 앱으로 커피 생산과 로스팅 과정을 경험할 수 있게 했다. 또 앱을 설치하지 않더라도 매장 곳곳에 설치된 QR코드를 스캐닝하면 증강된 자세한 정보를 볼 수 있도록 했다. 리저브 로스터리 매장 가운데에 있는 원통형 파이프 공간의 QR코드를 스캔하면 로스팅이 완료된 커피 원두가 숙성 과정을 거치는 곳이라고 알려준다. 이렇듯 경제가치는 농업경제에서 산업경제, 서비스 경제, 경험경제를 지나 가상융합경제로 진화하고 있으며, 여기에 메타버스 경험이 새로운 가치를 창출하고 있다.

메타버스 시대에는 복합 범용기술로 차별화된 경험 가치 4I(Immersion, Interaction, Imagination, Intelligence)[16]의 전달이 가능하고 이로 인해 시·공간을 초월한 새로운 경험을 설계할 수 있다. MBC가 방영한 가상현실(VR) 다큐멘터리 〈너를 만났다〉는 사별한 딸과 엄마가 만나 함께 시간을 보내는 가상융합 이야기다. 현실에서 불가능한 일을 상상(Imagination)할 수 있게 하였고, 인공지능(Intelligence)을 활용하여 현실에 없는 딸을 구현하였으며, 물체를 만지는 것과 같은 느낌을 전달하는 햅틱 글러브(Haptic Glove, 촉각 장갑)를 이용해서 상호작용(Interaction)이 가능하도록 만들어 실제 딸을 만나는 듯한 몰입감(Immersion) 높은 체험이 되도록 했다. 현실에 없는 인간을 만들고, 과거로 돌아가 함께 할 수 있는 공간에서 엄마와 딸이 시간을 함께 보낸 것이다. 메타버스를 통해 인간과 공간과 시간을 초월한 새로운 경험을 만든 것이다.

메타버스 시대의 경제 패러다임, 가상융합경제

• 경제 가치는 제조 → 서비스 → 경험으로 진화, 경험은 Offline → Online → Immersive 형태로 고도화

– 가상융합경제 : XR을 활용해 경제활동(일, 여가, 소통) 공간이 현실에서 가상 융합 공간까지 확장되어 새로운 경험과 경제적 가치를 창출

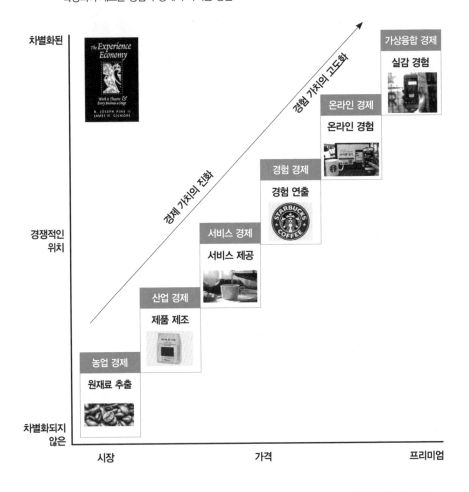

출처 : B. Joseph Pine II and James H. Gilmore, "Welcome to the Experience Economy", Harvard Business Review July-August 1998 기반 재구성

메타버스 비긴즈 : 인간×공간×시간의 혁명

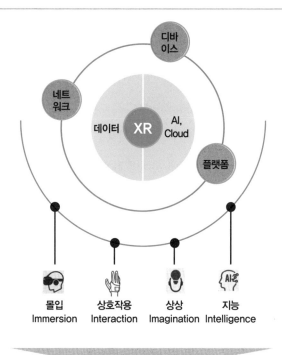

인간	자신과 같은 모습, 혹은 전혀 새로운 창조된 자신을 메타휴먼으로 제작 가능
공간	현 물리 공간의 복제부터 전혀 새로운 상상의 공간까지 설계 가능
시간	실제 과거 구현 혹은 재창조된 과거로 회귀가 가능하며, 가상시뮬레이션을 통해 예측적 미래의 탐색이 가능

출처 : Qualcomm Technologies(2018), Grigore Burdea and Philippe Coiffet(1993) 재구성

넥스트(Next) 인터넷 혁명, 메타버스

진화된 편의성, 상호작용, 화면·공간 확장성 그리고 범용기술의 특성과 경제가치의 진화를 고려해 볼 때 메타버스는 인터넷의 뒤를 잇는 혁명적 변화를 가져올 전망이다. 메타버스는 온라인 혁명을 주도했던 인터넷 시대를 넘어, 가상과 현실이 융합된 새로운 혁명을 예고하고 있다.

메타버스 혁명은 기존 인터넷 시대의 한계점을 새로운 혁신으로 극복하며 경험 가치를 창출할 것이다. 또한 메타버스 혁명의 영역은 특정 산업에 국한되지 않고, 전 산업과 사회 전반에 영향을 미칠 것이다. 기존 2D 화면 기반의 온라인 교육과 화상회의에서 느꼈던 답답함은 무한한 공간과 자료 활용이 가능한 메타버스 공간에서 진행된다. 웹사이트에서 구매한 옷과 신발 사이즈가 나에게 맞는지, 나와 잘 어울리는지를 고민할 필요도 없게 된다. 기업의 관점에서는 시·공간을 초월한 생산, 관리, 영업 등의 기업활동과 개발 소요시간을 혁신적으로 단축하는 등의 변화가 일어날 것이다.

출처 : NIPA(2020), "대한민국 실감경제 확산 프로젝트, XR Transformation" 기반 재구성

출처 : NIPA(2020), "대한민국 실감경제 확산 프로젝트, XR Transformation"

출처 : NIPA(2020), "대한민국 실감경제 확산 프로젝트, XR Transformation"

비대면 시대,
메타버스에 주목하는 이유

"2020~2021년, 지난 1년간 지나온 모습은 국가 간 이동과 여행이 거의 되지 않고, 밀집된 공간에 모여서 사교하는 생활도 힘든 안타까운 일상이었다. 이런 일상의 경험이 가상세계, 즉 메타버스로 진화하는 속도를 10년은 앞당긴다고 본다." SK텔레콤 CEO의 언급에서도 알 수 있듯, 코로나19로 인해 대부분의 소통이 비대면 공간으로 옮겨가면서 메타버스는 더욱 주목받고 있다. 메타버스가 소통하고, 일하고, 노는 방식의 변화를 주도하며 코로나19의 위기 상황 속에서도 사회에 활력을 높이고, 경제성장을 견인할 게임 체인저(Game Changer)로 부상한 것이다. 비대면 상황에서 메타버스는 왜 더욱 주목받는 것일까?

풍부한 정보를 제공하는 메타버스

비대면 상황에서 메타버스 플랫폼을 활용하면, 기존의 2D 온라인 소통방식보다 풍부한 정보를 주고받을 수 있다. 미디어 풍요성(Media Richness)[17] 개념에 따르면, 효과적인 의사소통을 위해서는 전달하려는 정보의 복잡성에 비례하여 충분한 정보 전달 능력을 갖춘 의사소통 수단이 필요하다.[18] 전달하려는 정보가 간단하면 메일이나 문자로 소통해도 문제가 없지만, 매우 복잡한 상황이나 문제를 해결하기 위해서는 직

◆ 미디어 풍요성(Media Richness)

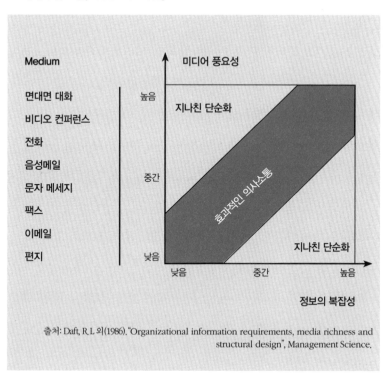

출처: Daft, R.L 외(1986), "Organizational information requirements, media richness and structural design", Management Science.

접 만나 다양한 자료를 활용하여 논의하는 것이 낫다. 전달하려는 정보가 복잡할수록 전화, 화상회의, 면대면 대화 등을 통한 언어적 정보와 목소리, 표정, 몸짓 등 비언어적 정보가 필요하다. 의사소통에 있어 비언어적 표현은 매우 중요하다.

메라비언의 법칙(The Law of Mehrabian)인 '7-38-55'에 따르면, 의사소통하는데 언어가 차지하는 비중은 7%에 불과하며, 나머지 93%는 목소리(38%), 몸짓, 표정, 자세 등의 비언어적 부분(55%)이다.[19] 메타버스에서는 2D 웹 기반의 온라인 소통방식보다 시각, 오디오, 신체 제스처, 얼굴 신호 등 다양한 정보를 통합 활용하여 의사소통에 활용할 수 있다.

이처럼 메타버스를 활용하면 다양한 가상공간에서 정보를 전달할 수 있어 사용자의 주의집중 수준이 향상되고 보다 효과적인 의사소통이 가능하다. 밋인VR(Meetin VR)에 따르면, 가상현실(VR) 회의를 하면 주의집중도가 일반 영상회의보다 25% 높은 것으로 나타났다. 컨퍼런스 콜(Conference call) 회의 경험을 떠올려보자. 회의 중 다른 업무를 한 적은 없는가? 음식을 먹거나, 메일을 보내거나, 문자를 보낸 적은 없는가?

〈하버드 비즈니스 리뷰〉의 연구결과에 따르면, 컨퍼런스 콜 참석자들은 회의 시간에 다른 업무 처리, 이메일 보내기, 음식물 섭취, 문자 및 소셜미디어 하기, 온라인 쇼핑하기 등으로 시간을 쓰느라 주의집중 수준이 떨어졌다. 회의 참석 모드(Mode)를 무음으로 처리하는 이유도 다른 사람과 이야기하기 위해, 화장실에 가기 위해, 다른 전화를 받기 위해 등으로 다양하게 나타났다.

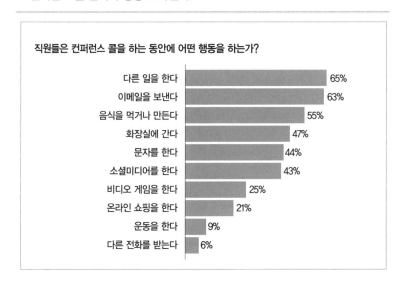

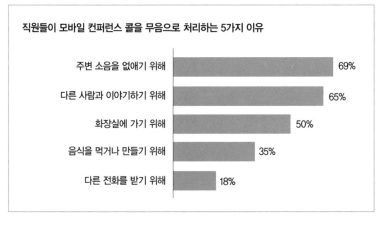

출처: Gretchen Gavett, "What People Are Really Doing When They're on a Conference Call", Harvard Business Review, 2014

다양한 관점에서 오프라인, 온라인, 메타버스 컨퍼런스를 비교해보면 왜 비대면 상황에서 메타버스가 유용한지 알 수 있다. 세 가지 유형의 컨퍼런스에서 모두 발표와 토론은 가능하다. 전시물을 설치해야 하는 경우, 온라인 컨퍼런스는 제한이 있으나 메타버스 컨퍼런스에서는 3D 전시물을 활용해 이를 보완할 수 있고, 참여자의 몰입수준도 높게 나타나고 있다. 메타버스 컨퍼런스는 오프라인 대비 몰입수준에서는 상대적으로 낮으나 참석 비용과 시간을 낮추었고, 참여자들이 실제 어떤 내용에 관심이 있었고 적극적으로 참여했는지를 분석할 수 있다.

◆ 오프라인, 온라인, 메타버스 컨퍼런스 비교

요소	오프라인 컨퍼런스	온라인 컨퍼런스	메타버스 컨퍼런스
발표	가능	가능	가능
토론	가능	가능	가능
전시	가능	제한	가능 (3D 전시물 활용)
네트워킹/협업	가능	제한	가능 (아바타 활용)
실시간 데이터 분석	제한	가능	가능
참석 비용/시간	높음	낮음	낮음
몰입수준	높음	보통	높음

출처: SW정책연구소(2020), "비대면 시대의 게임 체인저, XR"

메타버스 비긴즈 : 인간×공간×시간의 혁명

◆ 미디어 풍요성, 주의집중도 비교(위) 및 공간/시간/비용 제약 수준 비교(아래)

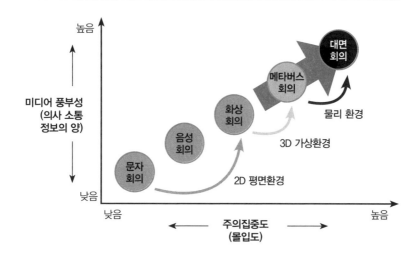

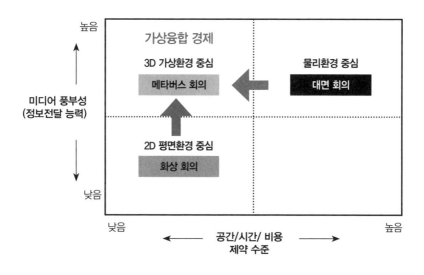

출처: SW정책연구소(2020), "비대면 시대의 게임 체인저, XR"

제4의 벽을 허무는 메타버스

'제4의 벽(The 4th Wall)'이란, 일반적인 극장 등 무대 안쪽에 만들어진 세 면의 공간 이외에 무대와 객석 사이의 투명한 벽을 뜻한다. 물론 이 벽은 실재하지 않는 상상 속의 벽이다. 관객들은 이 벽을 통해 무대 안쪽에서 벌어지는 배우들의 모습을 보며 무대가 주는 특별한 환영에 빠져든다. 배우들은 마치 관객들이 존재하지 않는 것처럼 생각하고 공연한다.[20] 메타버스는 이 제4의 벽을 허물어 이용자가 관찰자가 아닌 실제 참여자가 되도록 지원한다. 메타버스 환경 안에서의 상호작용으로 제4의 벽이 사라지고, 이용자는 관찰자가 아닌 실제 참여자로 행동하고 경험할 수 있다.

런던대학교의 매크로 길리스(Marco Gillies) 교수는 메타버스를 구현하는 실감기술(Immersive Technology)에 대해 다음과 같이 언급했다. "실감기술에는 제4의 벽이 없습니다. 우리는 실제로 이야기 세계 안에 있습니다. 캐릭터로부터 우리를 분리하도록 하는 형이상학적 장벽은 없으며, 우리는 그들과 함께 방에 있습니다." 우리는 인터넷 시대에 제작자가 들려주는 이야기를 들으며 대부분 콘텐츠를 소비하며 살아왔다. 하지만 메타버스의 시대에서는 직접 이야기에 참여하고 주인공의 관점에서 이야기와 함께한다. 루카스필름의 게임랩 경영자 비키 돕스 벡(Vicki Dobbs Beck)은 메타버스에 관해 다음과 같이 말했다. "멋진 이야기에 참여하여 같이 창조하고 싶은 것이 사람들의 본성이다. 이야기를 들려주는 것(Story telling)이 아니라, 직접 이야기를 경험하고 그 안에서 생활할 수 있게 하는 것(Story living)이 중요하다."[21]

◆ 제4의 벽(The Fourth Wall)과 1인칭 실감 미디어

출처: www.mjdholloway.com, "BREAKING THE FOURTH WALL; DMC XR 기술세미나(2021) 참고

제4의 벽이 사라지는 메타버스 공간에서는 실제 대면 수준에 가까운 경험과 공감대를 형성할 수 있는 것이다.

메타버스에서 느끼는 신체 소유감

'신체 소유감(Body Ownership)'이란, 나의 신체가 나에게 속해 있다는 느낌이며, 인간에게 존재하는 매우 특별한 감각이다. 뇌는 실제로 자신의 신체가 아니더라도 시각, 촉감을 통해 학습되면 자신의 신체라고 인지한다.[22] 특정 상황에서 고무 손을 진짜 자기 손이라고 느끼는 고무 손 착각(Rubber Hand Illusion) 실험이 대표적인 사례이다. 고무 손 착각 실

험은 1998년 학술지 〈네이처〉에 게재되어 크게 화제가 된 연구로, 참가자가 보이는 고무 손과 보이지 않는 자기 손에 똑같은 자극(붓질)을 받을 경우, 고무 손을 자기 손으로 착각하는 결과가 나왔다. 이런 현상이 나타나는 이유는 시각과 촉각을 통해 고무 손이 자신의 신체라고 뇌가 적응했기 때문이다.[23]

◆ 고무 손 착각(Rubber Hand Illusion) 실험

출처: science.howstuffworks.com

메타버스에서도 신체 소유감 구현이 가능하고, 이로 인해 사용자의 몰입도와 경험 가치를 높일 수 있다. 머리에 쓰는 헤드 마운트 디스플레이(HMD, Head Mount Display)를 활용한 신체 소유감 실험에서도 고무 손 착각 실험과 유사한 결과가 나왔다. 헤드 마운트 디스플레이를 착용한 화면으로 1인칭 시점에서 바라본 마네킹의 몸을 보여주고, 실험자는 참가자의 몸과 마네킹의 몸을 동시에 일정 시간 문지른 후 마네킹의 몸에 숟가락 등으로 자극을 주고 반응을 측정했는데, 유의미한 결과가 나온 것이다.[24]

 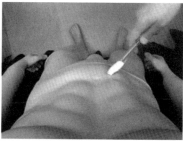

출처: Petkova, V. I., & Ehrsson, H. H. (2008). If I were you: perceptual illusion of body swapping. PloS one, 3(12), e3832.

이러한 실험연구를 넘어서 실제 메타버스 안에서 컨트롤러, 햅틱 글러브(Haptic Glove, 촉각 장갑) 등 다양한 방법을 통해 감각을 전달하고 있다. 영화 〈마이너리티 리포트〉에서 등장한 햅틱 글러브의 모습도 현실이 됐다. 가상공간 속에서 장갑이라는 새로운 입력장치로 정보를 제어할 수 있게 되었기 때문이다. 단순히 허공에서 손짓하는 것이 아니다. 가상공간 속에서 특정 물체를 만졌다면, 그 촉감 또한 느낄 수 있는 시대가 된 것이다.

헤드 마운트 디스플레이(HMD) 컨트롤러를 통해 가상공간 안에서 물건을 만지면 진동으로 사물을 인식할 수 있고, 햅틱 글러브를 통해서는 더욱 정교한 감각전달이 가능하다. 테슬라슈트(Teslasuit)가 개발한 테슬라 글러브(Tesla Glove)는 장갑 모양의 컨트롤러이다. 이용자가 장갑을 끼고 손가락을 움직이면 햅틱 센서를 비롯해 다양한 모션 캡처, 생체 인식 센서가 움직임을 인식한다. 이를 통해 〈마이너리티 리포트〉에서처럼 가상현실(VR) 환경 속에서 다양한 신호 입력이 가능하다. 가령 헤드 마운트 디스플레이를 쓰고 본 가상공간 속에 가상의 손이 있다고 하자. 장갑을 낀 실제 손이 움직이면 가상공간 속 가상의 손이 똑같은 방식으로 움직이게 된다. 테슬라 글러브는 손가락마다 9개의 전극이 배열되어 있다. 이를 통해 가상현실 환경 속에서 만진 물체에 대한 촉감을 이용자에게 전달한다. 또 손목과 손가락의 움직임뿐만 아니라 맥박을 측정해 심장 박동수 등의 정보도 수집한다. 이용자의 스트레스에 대한 다른 물리적 반응을 측정할 수도 있다.

가상현실 전문업체 햅트엑스(HaptX)는 압력과 저항감을 느끼도록 하는 가상현실 햅틱 장갑을 개발하여, 밀리미터 이하의 정밀도로 힘 피드백과 동작 추적 기능을 제공한다. 공기 작동식 액추에이터 기반으로 미세 유체 기술을 통해 미세 기포가 장갑 내부에서 물체 모양을 만들어 사용자에게 피드백을 제공하는 방식이다.[25]

◆ 테슬라 슈트 글로브(좌) 및 햅트X 글로브

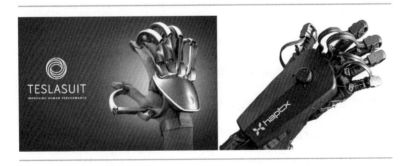

출처: 테슬라 슈트 및 햅트 X 홈페이지

메타버스 비긴즈 : 인간×공간×시간의 혁명

메타버스와 경험효과

사용자들은 3D 기반의 메타버스 환경 속에서 쉽고, 빠르게 정보를 습득할 수 있다. 물리적 세계는 3차원인데 반해 사용하는 데이터는 대부분 2차원 화면과 종이이며, 현실 세계와 디지털 세계 사이의 간극으로 많은 양의 정보가 활용되지 못하고 있다.[26] XR+D.N.A로 구현되는 메타버스 세계에서는 디지털 이미지와 데이터를 현실, 혹은 가상현실에 중첩시키고, 정보가 적용되는 맥락 안에 직접 보여줘서, 정보를 더 빠르고 쉽게 이해하고 활용하게 해준다. 종이, 화면 중심의 상징경험(Symbolic, Iconic Experience)보다 현실기반의 직접경험이 기억수준을 높이며[27] XR+D.N.A 기술은 상징경험을 직접경험으로 이어주는 매개체 역할을 한다. 경험의 원추(Cone of Experience) 이론에 따르면 사람들은 읽은 것의 10%, 들은 것의 20%를 기억하지만, 실제 경험한 것은 90%를 기억한다고 한다.[28]

메타버스에서의 경험효과는 이용자 공감으로 이어진다. 가상현실로 홈리스(Homeless) 경험을 체험한 후 주거 지원 청원 동의율이 크게 상승했고, 가상현실로 맨해튼 헬리콥터 투어를 체험한 후 실제 뉴욕 여행 계약률이 190% 증가하기도 했으며, 이케아는 가상현실 리모델링 서비스를 출시하여 경험하게 한 후 소비자들의 브랜드 호감도가 상승했다.[29]

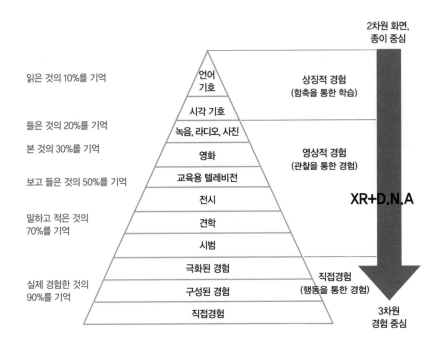

읽은 것의 10%를 기억

들은 것의 20%를 기억

본 것의 30%를 기억

보고 들은 것의 50%를 기억

말하고 적은 것의
70%를 기억

실제 경험한 것의
90%를 기억

언어
기호

시각 기호

녹음, 라디오, 사진

영화

교육용 텔레비전

전시

견학

시범

극화된 경험

구성된 경험

직접경험

2차원 화면,
종이 중심

상징적 경험
(함축을 통한 학습)

영상적 경험
(관찰을 통한 경험)

XR+D.N.A

직접경험
(행동을 통한 경험)

3차원
경험 중심

출처: Edgar Dale(1946, 1954, 1969), Porter, Michael E., and James E. Heppelmann,(2017)
기반 재구성

코로나 블루와 메타버스

메타버스를 활용하면 한곳에서 다양한 사회활동에 참여할 수 있어 '코로나 블루(Covid Blue)'로 인한 피로감과 불안감이 줄어든다. '코로나 19'의 장기화로 코로나 블루가 확산 중인데, '코로나 블루'는 '코로나19'

로 일상생활에 큰 변화가 닥치고 지장이 생기면서 나타난 우울감이나 무기력증 등 심리적 이상 증세를 일컫는 신조어이다. 최근 '코로나 블루'의 경험 여부 질문에 54.7%가 경험했다고 응답했으며, 우울함과 불안감을 느끼는 이유로 답답함(22.9%)을 선정했다.[30] 코로나19 기간 중 '코로나 블루' 검색양도 급속히 증가했다.

◆ 코로나 블루(Covid Blue) 검색양 변화

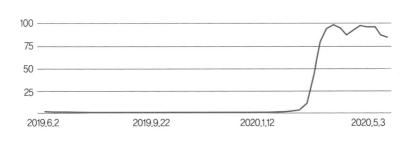

출처: 소프트웨어정책연구소(2020), "비대면 시대의 게임 체인저, XR(eXtended Reality)"

코로나19로 인한 폐쇄, 격리, 재택근무로 사회적 역할을 대부분 한곳에서 하게 되고 '자기복잡성(Self-complexity)'이 감소하여 스트레스가 증가한 것이다. '자기복잡성'이란 한 개인이 자신의 모습을 얼마나 다양하고, 분별력 있게 인식하고 있는가를 나타내는 개념이다. 다양한 자기 측면을 가진 사람은 한 가지 측면에서 스트레스를 받게 되면, 다른 측면들이 스트레스를 완충하는 역할을 함으로써 단순한 자기 측면을 가지고 있는 사람들보다 우울증을 적게 겪는다.[31] 프랑스 인시아드의 지안피에로 페트리글리리 교수는 BBC 인터뷰에서 다음과 같이 언급했다. "우리의 사회적 역할 대부분은 다른 장소에서 생겨나는데, 같은 술집에서 교수와 이야기를 하고, 부모를 만나고, 데이트한다고 생각해봐요. 이상하지 않아요? 불안감을 유발하는 위기 상황 속에서 우리는 우리 자신의 공간에 갇혀 있습니다." 메타버스에서는 한 곳에서도 다양한 상황에서 사회적 역할을 할 수 있어 이러한 문제를 해결하는데 도움이 된다.

◆ 메타버스 공간을 활용한 사회적 역할 사례

XR 사무공간: 회의 진행	XR 파티공간: 사교 활동	XR 강의공간: 수업 진행

출처: Spatial, XRSPACE, XR클래스

메타버스 비상의 조건 :
플랫폼, 기술혁신, 투자

메타버스는 양치기 소년?

과거부터 현재까지 메타버스에 관한 논의가 진행되면서 계속되는 질문은 "메타버스는 언제 본격적으로 확산하는가?"이다. 과거 싸이월드와 세컨드라이프가 출시될 때 확산에 대한 기대감이 컸고, 이후 관심이 줄어들었다가 포켓몬고의 출시와 함께 다시 관심이 집중되었다.

하지만 고객의 눈높이에 맞는 혁신은 나타나지 않았고 관련 기업들의 파산 소식이 들려오면서 메타버스에 대한 회의적인 시선이 늘어났다. 20년 넘게 스마트글래스를 개발해오던 독일 ODG(Osterhout Design Group)는 계속되는 적자를 버티지 못해 2019년 파산했고, 2013년에 설

립된 미국의 메타(Meta), 2010년에 창업한 다큐리(Daqri) 역시 같은 해에 파산했다.[32]

이후 5G가 상용화되었고 이를 활용한 초실감 서비스에 관심이 높아져 관련한 성공 사례들이 등장하면서 다시 메타버스가 주목받고 있다. 이번에는 정말 메타버스가 확산하는 것일까? 아니면 메타버스는 양치기 소년이 되는 것일까?

메타버스가 본격적으로 확산할 것인지는 세 가지 측면에서 질문을 던져볼 수 있다. 첫 번째 질문은 "메타버스 혁명을 주도할 플랫폼들이 나타나고 있는가?"이다. 과거 모바일 혁명이 그랬듯이 플랫폼은 새로운 생태계를 조성하고 이로 인한 네트워크 효과는 기기와 서비스의 동반성장을 촉진하며 새로운 혁신을 만들어 냈다. 누구나 쉽고, 빠르게, 저렴한 비용으로 메타버스 플랫폼을 만들거나 참여할 수 있는지, 실제 어떠한 사례가 있으며, 사용자 기반은 충분한지 검토가 필요하다. 두 번째 질문은 "메타버스 분야에 기술혁신은 일어나고 있으며, 혁신은 계속될 것인가?"이다. 기술혁신과 이로 인한 기능향상, 비용 하락은 메타버스의 대중화를 위해 매우 중요한 요소이며, 메타버스 기술혁신을 계속 주도해 나갈 시장참여자들의 존재 여부도 메타버스 확산에 중요한 요건이 될 수 있다. 세 번째 질문은 "메타버스 분야에 투자가 일어나고 있는가?"이다. 트렌드를 넘어서 실제 투자자들이 메타버스 기업을 미래의 투자대상으로 인식하는지는 메타버스의 확산 여부를 가늠하는 데에 매우 중요한 요소이다. 따라서 플랫폼, 기술혁신, 투자 관점에서 과연 메타버스가 비상할 것인지 살펴보자.

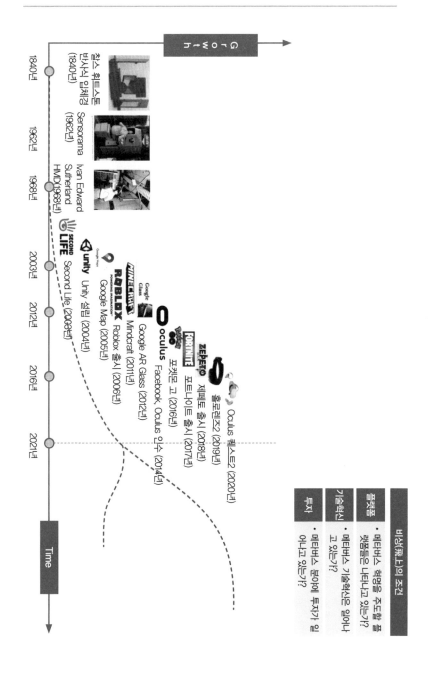

메타버스 비상의 동력, 플랫폼

메타버스는 게임, SNS 등의 서비스 플랫폼과 결합되어 급속히 확산 중이다. 기존의 게임이 미션 해결, 소비중심이었다면, 메타버스 플랫폼에서는 사용자가 자신의 아이디어로 가상자산(Virtual Asset)을 만들어 수익을 창출하고 다른 사용자들과 공연하는 등 다양한 사회, 문화적 교류가 이루어진다는 점에서 차이가 있다. 메타버스 플랫폼 참가자의 수익모델이 존재하고, 전 세계에서 가입자가 급속히 증가하는 등 플랫폼 경쟁력이 높아, 플랫폼은 메타버스 확산의 동력이 될 전망이다.

메타버스 플랫폼 기업들은 여러 지식재산권(Intellectual Property, IP) 사업자와 제휴·협력 관계를 맺으면서 사업 분야를 급속히 확장 중이다. 메타버스 주요 이용자층인 10~20대를 주요 소비자, 홍보·소통의 대상으로 여기고 있는 패션, 엔터테인먼트, 제조, 방송, 교육, 공공 등 다양한 분야의 IP 사업자들이 참여하고 있다. IP 사업자들은 시공간 제약이 없는 가상공간에서 홍보 및 부가 수익 창출이 가능하고, 메타버스 플랫폼은 이용자에게 다양하고 차별화된 사용자 경험을 제공한다. 메타버스 이용자들은 특정 IP 기반 아이템(가방, 의상 등)을 구매하여 자신의 아바타에 착용해 사용하거나, 또는 이와 유사한 현실 제품을 구매하기도 한다.

◆ 메타버스 게임, SNS 플랫폼 사례

구분	내용
로블록스 (게임)	– 전 세계 이용자 : 1억 6400만 명(2020.8월 기준) – 가상세계를 스스로 창조하고 실시간으로 게임을 즐길 수 있는 플랫폼 – 게임 개발, 아이템 판매로 연 10만 달러(약 1억 1,200만원)가 넘는 수익을 올리는 유저도 존재 – 가상화폐 Robux가 통용돼 경제 생태계까지 완성된 제2의 현실 세계
마인 크래프트 (게임)	– 전 세계 이용자 : 1억 1200만 명(2019년 기준) – 레고 같은 블록을 이용자가 마음대로 쌓아서 새로운 가상 세상을 만드는 게임 – 2011년 서비스 시작 후 2014년 MS가 3조 원에 인수
포트나이트 (게임)	– 전 세계 이용자 수 : 3억 5000만 명(2020년 5월 기준) – 2017년에 출시, 배틀로얄 방식의 게임과 함께 파티로얄이라는 공간에서 사용자들이 함께 어울리며 즐겁고 편한 시간을 보낼 수 있도록 지원 – 미국 힙합가스 트래비스 스콧은 포트나이트 가상 콘서트로 오프라인 대비 매출 10배를 달성(216억 규모)
제페토 (SNS)	– 전 세계 이용자 수 : 2억 명(2020년 말 기준) – 3D 아바타 기반의 소셜 네트워크 서비스 – 이용자는 AR 패션 아이템 제작 등 수익 창출이 가능 – 제페토에서 개최된 블랙핑크 버추얼 팬 사인회는 3천만, 아바타 공연은 4천만 뷰(view)를 돌파
샌드박스 (게임)	– 블록체인 기반의 가상게임, 생활 플랫폼 – 플랫폼 내에서 유통되는 코인 샌드(SAND)는 가상화폐 거래소 업비트와 빗썸에서 거래 가능
디센트럴 랜드 (생활)	– 블록체인 기반의 가상세계 플랫폼 – 유저가 이름과 아바타를 직접 설정한 뒤 가상세계를 탐험 – 유저들은 업데이트, 토지 경매 등 커뮤니티와 연관된 모든 의결사항을 투표할 수 있고, 게임 개발사마저도 유저 동의 없이 게임 세계관 변경이 불가

출처 : 관련 주요 언론 보도 및 홈페이지 자료 기반 SPRi Analysis

◆ 메타버스 플랫폼과 IP 사업자 간의 제휴 · 협력 사례

구분		내용
구찌 (패션)		– SNS 기반의 메타버스 플랫폼인 제페토와 제휴하여 구찌 IP를 활용한 아바타 패션 아이템 출시 및 브랜드 홍보 전용공간을 구축 – 모바일 테니스 게임인 테니스클래시와 제휴하여 게임 속 캐릭터 의상을 출시하였으며, 해당 의상은 실제 구찌 웹사이트를 통해서도 구입 가능
루이비통 (패션)		– 게임 기반의 메타버스 플랫폼인 'LOL'과 제휴하여 루이비통 IP를 활용한 LOL 캐릭터 의류, 신발, 가방, 액세서리 등 총 47종 아이템 제작 · 출시
나이키 (패션)		– 제페토와 제휴하여 아바타 신발 등 패션 아이템을 출시. 메타버스 플랫폼인 포트나이트와 협력하여 아바타 신발 아이템 출시
YG, JYP 외. (엔터테인먼트)		– 제페토에 소속 연예인에 특화된 전용 가상공간을 만들고 소속 연예인 아바타들을 배치하여 사인회, 공연 등 이벤트 개최
디즈니 (엔터테인먼트)		– 제페토에서 겨울왕국 캐릭터를 활용한 아바타 출시 – 포트나이트에서 마블 캐릭터를 활용한 아바타 의상 등 아이템 출시
LG전자 (제조)		– 게임 기반의 메타버스 플랫폼인 '동물의 숲' 게임 공간에 LG 올레드 TV를 소개하고 게임 이벤트 등을 개최하는 올레드 섬(OLED ISLAND) 마련
다이아TV (방송)		– 제페토와 CJ ENM의 1인 창작자 지원 사업 다이아TV(DIA TV)가 제휴를 맺고 다이아TV 유튜버의 제페토 진출, 제페토 내 인플루언서의 유튜버 진출 등 상호 협력 추진
순천향대 (교육)		– SKT 메타버스 플랫폼인 점프VR 내 순천향대 본교 대운동장을 구현한 뒤. 대학 총장과 신입생들이 아바타로 입학식 진행
한국관광공사 (공공)		– 제페토에 익선동, 한강공원 등 서울의 관광지를 모사한 가상공간을 만들고, 제페토 해외 이용자를 대상으로 한국여행 홍보 이벤트 진행

출처 : 관련 주요 언론 보도 및 홈페이지 자료 기반 작성

IP 사업자가 자사 IP를 기반으로 새로운 메타버스 플랫폼을 직접 구축하는 사례도 증가하고 있다. 자체 메타버스 플랫폼을 통해 다른 IP 사

메타버스 비긴즈 : 인간×공간×시간의 혁명

업자, 플랫폼 사업자와의 제휴를 추진하여 보유 IP에 최적화된 메타버스 서비스를 제공하고, 사업 성장의 기회를 확보하려는 것이다.

◆ IP 사업자의 메타버스 플랫폼 구축 사례

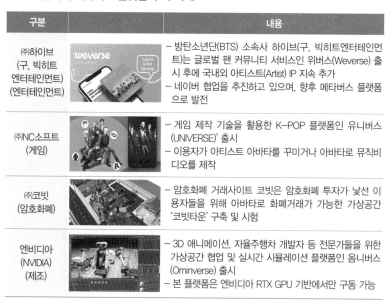

구분		내용
㈜하이브 (구, 빅히트 엔터테인먼트) (엔터테인먼트)		– 방탄소년단(BTS) 소속사 하이브(구, 빅히트엔터테인먼트)는 글로벌 팬 커뮤니티 서비스인 위버스(Weverse) 출시 후에 국내외 아티스트(Artist) IP 지속 추가 – 네이버 협업을 추진하고 있으며, 향후 메타버스 플랫폼으로 발전
㈜NC소프트 (게임)		– 게임 제작 기술을 활용한 K-POP 플랫폼인 유니버스 (UNIVERSE)' 출시 – 이용자가 아티스트 아바타를 꾸미거나 아바타로 뮤직비디오를 제작
㈜코빗 (암호화폐)		– 암호화폐 거래사이트 코빗은 암호화폐 투자가 낯선 이용자들을 위해 아바타로 화폐거래가 가능한 가상공간 '코빗타운' 구축 및 시험
엔비디아 (NVIDIA) (제조)		– 3D 애니메이션, 자율주행차 개발자 등 전문가들을 위한 가상공간 협업 및 실시간 시뮬레이션 플랫폼인 옴니버스 (Ominverse) 출시 – 본 플랫폼은 엔비디아 RTX GPU 기반에서만 구동 가능

출처 : 관련 주요 언론 보도 및 홈페이지 자료 기반 작성

시공간 제약이 없는 메타버스의 확장성, 현실 세계와 유사한 실재감, 미래 잠재 고객인 10~20대 이용자에 대한 접근성, 커뮤니티 중심의 연대 등 메타버스 플랫폼의 장점이 글로벌 명품 기업, IT 대기업 등 IP 사업자들의 참여를 끌어들이고 있다. 유무형의 IP를 가진 사업자들이 가상과 현실이 융합하는 메타버스를 통해 보유 IP의 활용성을 높이고, 이를 통해 새로운 고객을 발굴하고, 브랜드 가치를 높여 매출 향상을 기대하고 있다.

디즈니랜드는 증강현실(AR), 인공지능(AI), 사물인터넷(IoT)을 활용해 현실과 가상이 융합된 새로운 스토리텔링(storytelling)을 제공할 수 있는 테마파크 메타버스를 계획 중이다.[33]

향후 메타버스 플랫폼 시장은 IP 사업자와 제휴를 확대하려는 메타버스 플랫폼 기업과 자체 메타버스 플랫폼을 구축하고자 하는 IP 사업자 간에 주도권 확보를 위한 연합과 경쟁이 예상된다. 또한 일반 대중을 대상으로 다양한 서비스를 제공하는 포털 개념의 메타버스 플랫폼과 특정 분야 수요에 특화된 전문 메타버스 플랫폼 등으로 세분화될 전망이다.

전 산업으로 확대되는 메타버스 플랫폼

메타버스 제작 플랫폼의 활용 영역이 게임을 넘어 전 산업에 확대 중이며, 진화된 플랫폼도 지속적으로 등장하고 있다. 주로 게임의 가상세계 제작에 활용되던 유니티(Unity), 언리얼(Unreal) 등의 개발 엔진 플랫폼이 최근 다양한 산업에 확대 적용 중이며, 개발자 생태계도 커지는 중이다.

유니티(Unity)는 가상게임 제작의 플랫폼 경쟁력을 건설, 엔지니어링, 자동차 설계, 자율주행 등 타 산업으로 확대 중이다. 유니티 CEO 존 리치텔로는 "유니티는 건설, 엔지니어링, 자동차 설계, 자율주행차 등의 영역으로 사업을 확장 중이며 개별 산업영역들이 가진 시장잠재력이 게임 산업을 넘어설 것"이라고 언급하였다. 유니티는 2004년에 설립되었으며,

스마트폰에서 구동되는 모바일 게임의 절반 정도가 유니티 엔진으로 제작되며, 유니티를 이용해서 만든 게임은 매달 전 세계에서 50억 건 이상 다운로드되고 있다. 닌텐도 스위치 게임의 70%, 엑스박스, 플레이스테이션에서 구동되는 게임의 30~40%가 유니티 플랫폼으로 제작되고 있으며, PC게임 시장에서는 유니티 점유율이 40%에 달한다. 또한 홀로렌즈를 이용하는 증강현실(AR) SW시장에서 유니티의 점유율은 90%대로 높은 경쟁력을 보유하고 있다.

언리얼(Unreal)은 에픽게임즈가 개발한 게임엔진으로 현실과 구분하기 어려울 만큼의 고품질 그래픽 구현이 가능하여 대작 게임용에 활용되며 최근에는 다양한 산업 분야에서도 활용되고 있다. 엔씨소프트의 리니지2M, 넥슨의 V4, 카트라이더 드리프트 등은 언리얼 엔진으로 제작되었다. 디즈니+가 제작한 스타워즈 시리즈의 드라마 〈만달로리안〉, HBO의 드라마 〈왕좌의 게임〉 사전 시각화, 영화 〈해운대〉 등의 CG·시각효과도 언리얼 엔진이 활용되었고, 웨더채널 버추얼 스튜디오, 평창동계올림픽 개회식 증강현실(AR) 효과 등의 방송 분야에서도 활용되었다. 이외에도 언리얼 엔진은 BMW, 아우디, 맥라렌, 페라리 등의 자동차 디자인과 시각화, 맞춤 판매를 목적으로 자동차 산업 분야에서도 활발히 이용되고 있고, 동대문 디자인 플라자를 디자인한 자하하디드, 삼성 래미안 등 건설 분야에서도 활용 중이다.

구글과 애플도 모바일 증강현실 앱을 쉽게 구현할 수 있는 개발 플랫폼 'ARCore'와 'ARKit'를 발표하였고 이를 활용한 다양한 모바일 증강현실(AR) 서비스가 출시되었다. 'ARCore', 'ARKit'를 활용하면, 증강현실 게임을 손쉽게 제작할 수 있다. 포켓몬고 개발사인 콘텐츠 기업 나이언틱도 증강현실 개발자 키트(ARDK) 나이언틱 라이트십(Niantic Lightship)을 출시했다. 나이언틱 라이트십은 기존의 나이언틱 리얼 월드에 개발 도구와 나이언틱 게임 서비스를 포함, 나이언틱 플랫폼 전체를 아우르는 새로운 명칭이다. 포켓몬고도 이 플랫폼을 활용하며, 이 개발 플랫폼을 통해 개발자들은 높은 몰입감을 주는 증강현실 애플리케이션을 만들 수 있다.

메타버스 제작 플랫폼을 활용하는 개발자 생태계도 계속 확대 중이다. 50만 명 이상의 학생들이 유니티 엔진을 통해 3차원 입체 세계를 구성해 내는 작업을 공부하고 있고, 수년 내에 100만 명을 돌파할 것이다. 모바일 앱 개발자가 전 세계에 1200만 명 정도 커진 것처럼 3차원 가상현실을 만드는 수많은 개발자 생태계가 형성될 것으로 전망된다.[34]

산업용 메타버스 구현을 지원하는 새로운 플랫폼도 계속 등장하고 있어 진화의 속도가 빨라질 전망이다. 인공지능 컴퓨팅 기술 분야에서 선두주자인 미국의 엔비디아는 실제와 같은 가상세계를 협업으로 쉽고 빠르게 구현하는 '옴니버스(Omniverse)' 플랫폼을 발표했는데, 젠슨 황 엔비디아 CEO는 "메타버스는 게임에만 있는 것이 아니다."라고 언급하며, 전 산업의 활용 가능성을 시사했다. 옴니버스는 유연한 작업환경으로 메타버스를 구현할 수 있도록 지원하는 플랫폼이다. 옴니버스에서는 각각의 사람들이 다른 장소에서 같이 작업을 한다. 누군가 모델링이란 덩어리를 만들면, 누군가는 색칠하고, 누군가는 조명을 달고, 누군가는 카메라로 촬영을 하고, 감독은 그 과정을 지켜보고 있다. 지금은 한 명이 작업을 끝내면 다음 작업으로 넘어가는 직렬 구조다. 옴니버스는 많은 사람이 동시에 작업에 참여해서 바로 확인할 수 있는 시스템이다.[35]

◆ 엔비디아의 옴니버스를 활용한 가상공간 구현 장면

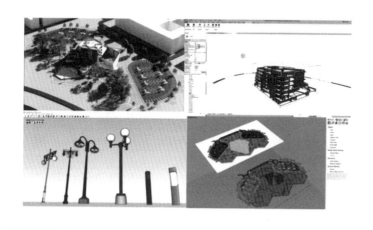

출처 : NVIDA 홈페이지

가상인간을 만드는 플랫폼

2018년 시사주간지 〈타임〉은 인터넷에서 가장 영향력 있는 인물 25인 중 한 명으로 '릴 미켈라(Lil Miquela)'를 선정했다. 2021년 4월 기준 인스타그램에서 305만 명이라는 팔로워 수를 가진 릴 미켈라는 미국의 AI 스타트업 기업인 브러드(Brud)가 2016년에 선보인 가상인간(Virtual Human)으로 모델 겸 뮤지션이다. 샤넬, 프라다 모델로 활동했으며 싱글 음반을 발매하여 영국 스포티파이에서 8위를 차지하기도 했다. 미국 가

수 테야나 테일러와 협업하여 녹음한 노래 '머신(Machine)'을 발표하는 등 진짜 사람과도 협력한다. 본인의 의류 브랜드 'Club 404'도 출범했다. 영국 온라인 쇼핑회사 온바이에 따르면, 릴 미켈라는 2020년 1170만 달러(약 130억 원)의 수익을 올린 것으로 추산한다. 이러한 가상인간을 당신도 무료로, 쉽고, 빠르게 만들 수 있다면 어떻겠는가?

◆ 가상인간 릴 미켈라(Lil Miquela) 인스타그램(좌) 및 사진(우)

출처 : 릴 미켈라(Lil Miquela) 인스타그램

가상인간을 쉽게 만들 수 있는 플랫폼도 속속 등장하고 있다. 메타버스가 확산하면서 가상인간을 활용하는 범위도 커진 것이다. 가상인간은 인간의 모습, 행동과 유사한 형태를 가진 3D 가상인간을 의미한다.[36] 높은 수준의 컴퓨터 그래픽스 기술을 활용해 실제 인간 얼굴과 구분이 어려울 정도의 극사실적 형태를 구현한다. 인공지능 기술을 접목한 음성인식, 자연어 처리, 음성합성 등을 활용해 실제 사람처럼 반응하고 대화 가능한 수준으로 개발되고 있다.

메타버스 공간에서 실제 대면 상황에 가까운 효과적 소통을 위해서는 실제 사람의 얼굴, 표정, 행동과 유사한 형태로 가상 캐릭터를 고도화하는 작업이 필요하다. 사람들이 의사소통하는데 언어가 차지하는 비중은 7%에 불과하며, 나머지 93%는 목소리(38%), 몸짓, 표정, 자세 등 비언어적 부분(55%)이다.[37] 얼굴을 통해 웃음, 찡그림 등 정서적 반응을 포함한 비언어적 정보를 전달하여 상대방과의 감정연결 및 공감대 형성이 가능한 것이다. 인간의 얼굴과 표정을 닮은 가상인간은 메타버스 공간에서 사람들이 더욱 편하고 친근하게 대할 수 있는 서비스 접점 역할을 하게 될 것이다.

과거에는 가상인간 제작에 많은 비용과 시간, 전문 기술이 필요했으나, 최근에는 인공지능, 클라우드, CG 등의 기술 발전으로 가상인간 제작이 수월해졌다. 에픽게임즈는 누구나 쉽게 가상인간을 제작할 수 있는 '메타휴먼 크리에이터(Meta Human Creator)'를 출시했다. 이를 활용하면 과거에는 수개월이 소요되던 가상인간 제작 기간을 한 시간 미만으로 줄일 수 있다.

미국의 디지털 휴먼 개발업체 유니큐(UneeQ)는 자체 제작한 가상인간 9명의 캐릭터를 바탕으로 손쉽게 가상인간 개발이 가능한 디지털 휴먼 플랫폼 '유니큐 크리에이터(UneeQ Creator)'를 발표했다. 또한 미국의 인공지능(AI) 기업인 IP소프트(Ipsoft)는 대화형 가상인간을 자체 제작할 수 있는 '디지털 직원 개발 도구(Digital Employee Builder)'를 발표했고, 샌프란시스코에 본사를 두고 있는 소울머신스(Soul Machines)는 가상인간을 제작할 수 있는 클라우드 기반의 개발 도구인 '디지털 DNA 스튜디오(Digital DNA™ Studio)'를 발표했다.

가상인간을 직접 빠르게 제작할 수 있는 개발 도구가 출시되면서 가상인간 제작 전문성의 민주화(Democratization of Expertise)[38]가 이루어지고 있다. 전문인력이 없는 기업들도 자사 서비스에 가상인간을 활용할 수 있게 되면서 다양한 분야에서 새로운 활용 사례가 개발되고 이로인해 사업 기회 창출이 가능해졌다. 인공지능 챗봇(Chatbot) 등 대화형 인공지능 서비스, 가상비서(Virtual assistant) 시장의 성장과 함께 가상인간 활용이 증가할 전망인데, 대화형 인공지능(Conversational AI) 시장은 매년 평균 21.9%씩 성장하고 있어 2025년에는 시장규모가 139억 달러로 확대될 것이며[39] 2025년까지 지식 근로자의 50%가 매일 가상비서를 사용할 것으로 전망되고 있다.[40]

◆ 메타휴먼 크리에이터(Meta Human Creator)

출처 : Unreal Engine 홈페이지

현재 가상인간은 엔터테인먼트, 유통, 교육, 금융, 방송 등 다양한 분야에서 활용되고 있고, 앞으로 적용 범위는 더욱 확대될 것이다. 엔터테인먼트 분야에서는 가상 모델, 가수, 배우, 인플루언서, 게임 캐릭터 등으로 다양하게 활용되고 있다. 유통이나 금융, 방송 분야에서는 브랜드와 상품, 서비스 홍보 그리고 고객 응대, 아나운서 등으로 적용 중이다. 교육 및 훈련 측면에서는 교사, 교육·훈련 대상(피상담자·환자·고객 등 역할), 헬스케어에서는 건강 상담, 운동 코칭 등에 활용되고 있다. 미국의 시장조사기관인 '비즈니스 인사이더 인텔리전스'에 따르면, 2022년 전 세계 기업은 이들을 활용한 마케팅에 약 150억 달러(약 16조 원)를 집행할 것으로 전망된다.

◆ 가상인간 활용 사례

출처 : 관련 주요 언론 보도 및 홈페이지 자료 기반 재구성

부동산 기업 '직방'의 직원들은 매일 메타버스로 출근한다. 직방에는 전통적인 개념의 오프라인 사무실이 없다. 약 200여 명의 전 직원이 원하는 장소에서 근무하게 된다. 수도권별 거점에 개설한 직방 라운지는 직원들이 외부 회의나 오프라인 행사 때 자유롭게 사용할 수 있는 공간으로 사용된다. 기존의 본사 사무실도 거점 라운지 중 하나로 운영된다. 직방의 라운지는 사무실과 다른 새로운 공간으로서 '위워크(wework)'와 같은 공유오피스 개념과도 다르다. 직방의 라운지는 오프라인 프로그램이나 미팅 등을 할 수 있는 공간으로, 직원이 자유롭게 선택해 일할 수 있는 일종의 공항 라운지이다. 현재 직방은 메타버스 업무 플랫폼인 '게더 타운(Gather Town)'을 도입해 활용하고 있다.

메타버스 업무 플랫폼이 새로운 의사소통과 일하는 방식의 변화를 주도하고 있다. 이미 다수의 메타버스 업무 플랫폼이 존재하며,[41] 비대면 시대에 급성장 중이다. 오프라인 경험을 최대한 살려 가상에 적용한 업무 플랫폼도 존재하는데, '게더 타운'이 대표적인 플랫폼이다. '게더 타운'은 오프라인 사무실을 게임과 화면으로 구현할 수 있고, 아바타 주위의 다섯 발자국 안에 있는 사람들과의 대화만 가능하며, 거리가 멀어질수록 연결이 끊어져 잘 보이지 않고, 소리도 들리지 않는다.

팀플로우(Team Flow) 플랫폼도 게더 타운과 유사한 방식으로 구현되며, 오프라인에서 회의 테이블에 자료를 놓는 것처럼, 가상 회의실에 문서를 배치하여 활용하도록 지원하는 등 오프라인의 근무환경을 가상으로 최대한 구현했다. 호핀(HOPIN)도 가상 업무 플랫폼으로, 1년 만에 2조 원 기업으로 성장했다.[42] 최대 10만 명이 동시접속을 할 수 있으며, 2020년 10월 기준, 3만 개 이상의 기업과 단체가 이 서비스를 이용했고, 이들이 개최한 이벤트만 4만 6,000건에 달한다.

게임, 생활·소통 메타버스가 업무 플랫폼으로의 변화를 시도하고, 새로운 메타버스 업무 플랫폼이 계속 등장하고 있다. 로블록스(ROBLOX)는 'Investor Day'에서 업무 플랫폼으로의 진화 계획을 발표했다. 페이스북도 '2020 페이스북 커넥트'에서 가상현실 헤드셋 '오큘러스 퀘스트 (Oculus Quest)'만 착용하면 PC가 없어도 가상 사무실에서 일할 수 있는 '인피니트 오피스(Infinite Office)' 플랫폼을 발표했다. 증강현실 기반의 원격협업 도구를 제공하는 '스페이셜(Spatial)' 서비스의 사용량은 코로나19 이전보다 10배 이상 증가하면서[43] 주목받고 있다.

◆ 메타버스 업무(Work) 플랫폼

출처 : 관련 주요 언론 보도 및 홈페이지 자료 기반 재구성

마이크로소프트(MS)는 메타버스 시대를 이끌어나갈 업무 및 협업 플랫폼인 '마이크로소프트 메시(Microsoft Mesh)'를 공개했다. MS 메시는 사용자가 다른 지역에 있어도 서로 같은 방에 있는 것처럼 느끼도록 지원하는 혼합현실(MR) 플랫폼이다. MS 메시를 활용하면 교육, 설계, 디자인, 의료 등 다양한 분야에서 시공간을 초월한 협력이 가능하다. 2D 기반의 MS 협업 플랫폼이 3D 기반의 MS 메시와 통합돼 진화하면서 다양한 산업 분야와 융합되고 있다. MS는 향후 'MS 메시'를 'MS 팀즈(Microsoft Teams)', 'MS 다이나믹스 365(Microsoft Dynamics 365)' 등과 통합할 예정이며, 무한한 가능성을 열어 두고 파트너들의 다양한 시도를 지원하며 새로운 생태계를 위한 플랫폼을 제공한다는 계획이다.

◆ MS의 혼합현실(Mixed Reality) 협업 플랫폼 메시(Mesh)

출처 : www.microsoft.com

메타버스 비긴즈 : 인간×공간×시간의 혁명

메타버스 기술혁신과 네트워크 효과

기술혁신으로 메타버스를 지원하는 가상현실 및 증강현실 몰입 기기의 가격이 감소 추세이다. 몰입 기기의 평균가격은 1991년 41만 달러에서 2020년 2만 달러 수준으로 감소했고, 이러한 혁신이 휴대폰의 추세를 따라간다면 2030년에는 1,700달러까지 하락할 전망이다.[44]

◆ 몰입 기기의 비용 감소 곡선

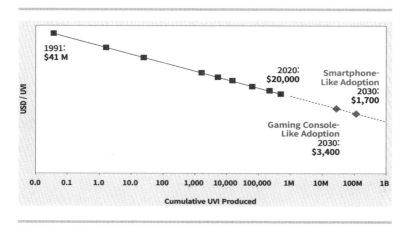

출처 : ARK Investment Management(2021) "Big Idea 2021"

대표적인 몰입 기기로 오큘러스(Oculus)가 출시한 헤드 마운트 디스플레이(HMD) 기기인 '오큘러스 퀘스트2(Oculus Quest2)'는 성능 향상에도 불구하고, 가격은 하락하는 전형적인 기술혁신의 패턴을 보이고 있다.

◆ 주요 VR 기기 비교

	Oculus Quest2	Oculus Quest	Valve Index	HTC Vive Cosmos	HP Reverb G2
가격($)	299	399	999	699	599
Pixel per eye	1832×1920	1440×1600	1440×1600	1440×1700	2160×2160
무게(gram)	503	571	809	645	550
Screen refresh rate(Hz)	72–90	72	80–144	90	90

출처 : The verage(2020.9.16.), "Oculus Quest vs. Oculus Quest 2: what's the difference?"

'오큘러스 퀘스트2'는 판매량 측면에서 몰입 기기의 대중화 시대를 고조시키는 중이다. 2020년 4분기에 발매된 '오큘러스 퀘스트2'는 해당 분기에 약 140만대,[45] 2021년 2월까지 약 500만대가 판매된 것으로 알려져 있다.[46] 첫 분기 판매량은 아이폰이 출시되었던 2007년의 판매량 139만대와 유사한 수준이다. 또한 '오큘러스 퀘스트2'는 출시 5개월 만에 스팀(Steam) 증강현실(AR) 플랫폼에서 가장 많이 사용된 기기 1위로 (22.91%) 등극했다.[47] 국내에서는 SK 텔레콤이 '오큘러스 퀘스트2'를 판매 중이며, 1차 물량은 3일 만에 완판, 2차 물량도 4분 만에 완판되었다.[48] 세계 콘솔 게임 최강자인 소니가 2020년 11월에 출시한 'PS(Play Station)5'가 그해에 450만대 판매되었다는 점과 비교하면 놀라운 성과이다. 이로 인해 '오큘러스 퀘스트2'가 첫 번째 가상현실(VR) 대중화 기기로 평가받고 있다.[49,50] 이는 가상현실 기기가 초기 혁신수용 단계를 넘어 대중들에게 다가가고 있으며, 메타버스 로그인의 중요한 접속점이 되고 있음을 시사한다.

◆ Oculus Quest2 및 아이폰 판매량

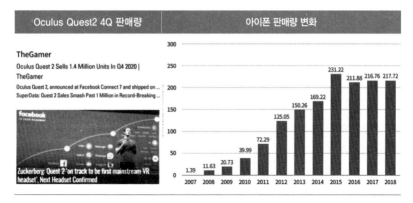

출처 : The Gamer(2021. 2. 2.) "Oculus Quest 2 Sells 1. 4 Million Units In Q4 2020"

가상현실 기기가 확산하면서 PC, 콘솔, 모바일 서비스와 결합해 제공되는 메타버스 경험이 확대 및 고도화되고 있다. 로블록스(ROBLOX) 플랫폼은 PC, 모바일, 콘솔, VR을 통해 접속이 가능하다. 그동안 VR은 높은 가격과 무게로 인해 사용 비중이 저조했으나, VR 기기의 대중화와 함께 활용 비중이 확대될 것이다. 현재 로블록스 사용자 중 모바일 비중은 2020년 기준 72%이며,[51] '오큘러스 퀘스트2'는 전작보다 10% 이상 가볍고(503g), 가격도 100달러 하락했다. 소니는 2016년 PS4용 VR(PSVR) 출시 6년 만인 2022년에 PS5 VR을 공개할 계획이어서 VR을 활용한 메타버스 접속 기회는 더욱 늘어날 전망이다.[52] 소니는 최근 PS5에 들어가는 차세대 VR 컨트롤러를 공개했다.

◆ 로블록스(ROBLOX) VR 및 소니 PS5 VR 컨트롤러

메타버스 기술혁신 효과는 관련 기기와 SW·콘텐츠 구매로 이어져 네트워크 효과가 나타나는 중이다. 기기의 혁신으로 관련 접속과 SW·콘텐츠 사용량도 증가 추세이다. 가상현실(VR) 관련 SW·콘텐츠 판매는 2019년을 변곡점으로 상승 추세이며, 오큘러스 퀘스트 스토어 타이틀(Title)의 가격대별 판매액도 상향되고 있다.[53] 2020년 오큘러스 퀘스트 스토어에서 판매된 타이틀 중 매출액이 10만 달러를 넘는 타이틀이 없었으나, 2021년 2월 기준 이미 6개가 등록되었다. 이외에도 2021년 2월 기준으로 오큘러스 퀘스트 스토어 모든 타이틀의 매출가격대에서도 매출액이 2020년을 상회하였다.

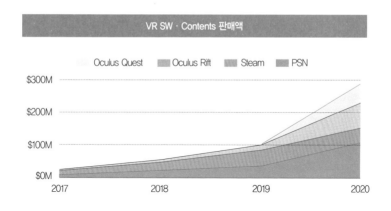

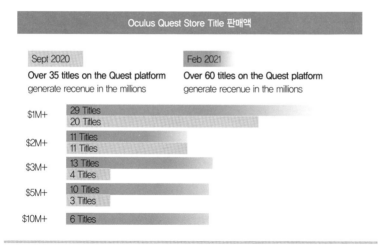

출처 : Roadtovr(2020. 2. 12.) "2019 Was a Major Inflection Point for VR—Here's the Proof"; www.oculus.com

게임 플랫폼인 스팀(Steam) VR의 접속자 수도 확산 추세이며, 관련 SW·콘텐츠 매출과 사용시간도 전년 대비 큰 폭으로 증가했다. 스팀 VR 접속자 수가 100만 명을 돌파하는 데에는 약 3년이 소요되었으나, 이후

200만 명에 도달한 기간은 1년, 250만 명을 돌파하는 데에는 약 6개월이 소요되면서 스팀 접속자 수는 계속 확산하고 있다. 2020년에 스팀 VR에서 SW·콘텐츠는 1년간 1억 4백만 회 플레이되었고, 170만 명의 신규 사용자가 유입되었으며, 수익은 71% 늘었고, 플레이 시간은 30% 증가했다.

◆ 월 Steam VR 접속자 수

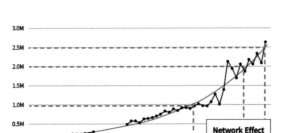

출처 : Roadtovr(2021.3.2.)"Quest 2 Now the Most Used on Steam, Monthly-connected Headsets Hit Record High of 2.8 Million"

메타버스 관련 기술혁신 역량 확보를 위해 HW·SW에 대한 연구개발 특허가 늘어나고 있으며, 이러한 기술혁신 추세는 계속될 전망이다. 메타버스를 구현하는 증강현실 SW, 증강현실 HW, 클라우드, 센서 등 다양한 세부기술의 연구개발 특허는 계속 증가하고 있다.[54]

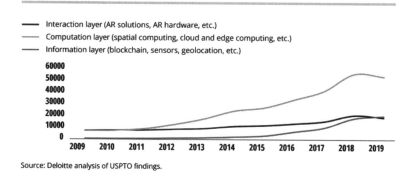

- Interaction layer (AR solutions, AR hardware, etc.)
- Computation layer (spatial computing, cloud and edge computing, etc.)
- Information layer (blockchain, sensors, geolocation, etc.)

Source: Deloitte analysis of USPTO findings.

출처 : Deloitte(2020). "The spatial web and web 3.0"?

가속화되는 글로벌 기업들의 메타버스 혁신경쟁

글로벌 IT 기업들은 메타버스 분야 기술혁신을 위한 다양한 프로젝트를 발표하며 혁신 경쟁을 예고하고 있다. 페이스북은 연례행사인 '페이스북 커넥트(Connect)'를 통해 증강현실 글래스(Glass), 협업 플랫폼 등 새로운 메타버스 혁신 비전을 공유하였다. 기존의 연례행사명을 '오큘러스 커넥트(Oculus Connect)'에서 '페이스북 커넥트'로, 페이스북 내 AR·VR 연구팀을 페이스북 '리얼리티 랩(Reality Rab)'으로 개편하여 전사적 노력을 기울이는 중이다. 가상현실 헤드셋 '오큘러스 퀘스트2'만 착용하면 컴퓨터가 없어도 사무실에서 일할 수 있는 업무 플랫폼인 '인피니트 오피스', 가상생활 플랫폼 '호라이즌(Horizon)', 모바일 기기에 최적화된 증강현실 필터 제작 플랫폼인 '스파크(Spark) AR' 등으로 플랫폼

혁신을 준비하고 있다. 또 선글라스 제조사인 레이밴(Ray-Ban)과 손을 잡고 제작 중인 증강현실(AR) 글래스 '프로젝트 아리아(Project Aria)' 등으로 기기 혁신을 준비 중이다.

◆ 페이스북이 준비 중인 메타버스 혁신

출처 : 페이스북 Connect 행사, 페이스북 홈페이지 및 언론자료 참고 SPRi 재구성

애플도 메타버스 분야에 지속적인 투자와 비전을 제시하며 혁신을 준비 중이다. 팀쿡(Tim Cook) 애플 CEO는 "증강현실(AR) 기술은 Next Big Thing으로 사람들의 삶 전체를 지배하게 될 것이며, 비즈니스와 소비자 모두 AR 기술 활용이 일상화될 것"이라고 언급했다. 애플은 2016년부터 메타버스 사업에 투자 중이며, 2021년 6월 'AR 글래스' 출시를 준비 중인 것으로 알려졌다.[55] 애플은 가상현실(VR) 전문 스타트업 '넥스트VR(NextVR)'의 인수를 완료했다.[56] 〈월스트리트저널〉은 "애플의 넥스트VR 인수는 애플이 VR, AR 기술에 대한 야망을 계속 가지고 있

메타버스 비긴즈 : 인간×공간×시간의 혁명

다는 신호"라고 보도했다.[57] 애플은 2016년 '플라이바이미디어(FlyBy Media)'를 비롯해 '메타이오(Metaio)' 등 관련 스타트업을 꾸준히 인수해왔다.

◆ 애플의 메타버스 동향

메타버스 관련 사업 및 투자동향		애플의 AR Glass 특허
사업 현황	'17 AR 개발 플랫폼 AR Kit 출시 '19 MR headset 특허 공개 '20 AR 기술 관련 특허 출원(자동거리초점, 가상 콘텐츠 터치 등) '22 VR/AR 결합 독립형 headset 출시 예정	
투자 동향	'16.01 전 버지니아공대 HCI센터장 AR 전문가 Doug Bowman 영입 '17.06 VR/AR Eye tracking 기술 업체 SensoMotoric 인수 '17.11 AR headset 개발 업체 Vrvana 인수 '18.08 AR 디스플레이 개발 업체 Akonia Holographics 인수 '19.04 VR/AR 업체 Jaunt 창립자 van Hoff 영입 '20.01 AI 소프트웨어 개발 업체 Xnor.ai 인수	 FIG. 3A

출처 : Techcrunch.com(2018.8.30.) 등 다수의 언론자료 종합 및 정리

마이크로소프트(MS)는 메타버스를 미래 성장 동력으로 인식하고 생태계를 확장 중이다. '홀로렌즈' 등 혼합현실(MR) 기기, 소통 플랫폼인 '알트스페이스(Altspace) VR' 인수 등 메타버스 분야에 지속투자해왔다. 누구나 쉽게 2D, 3D '메타 휴먼(Meta human)'을 만들고 대화할 수 있는 '챗봇(Chat bot)' 특허를 개발하는 등 새로운 혁신을 위해 노력하고 있다.[58]

메타버스 관련 사업 및 투자동향		MS의 2D, 3D 기반의 대화형 Chat bot 특허
사업 현황	'16 Hololens 1 출시 '18 판매량 5만대 돌파, 매출액 약 $2B 기록 '19 Hololens 2 출시, 미군과 10만대($5B) 규모의 공급계약 체결 산업용 시장에서의 가능성 확대	
투자 동향	'16.08 VR headset 개발 업체 Shadow Creator 투자 '17.07 AR/VR 솔루션 개발 업체 DataMesh 투자 '17.10 VR용 소셜 Platform 개발 업체 AltspaceVR 인수 '18.04 VR Solution 개발 업체 SmartVizX 투자 '19.02 VR Contents 제작 업체 Start VR 투자 '20.04 전 애플 무선통신 HW 전문가 Ruben Calallero 영입	

출처 : CNN(2021. 1. 27) 등 다수의 언론자료 종합 및 정리

한편 손목밴드, 반지, 장갑 등 새로운 메타버스 경험의 접속점이 될 다양한 혁신 기기 개발 경쟁이 뜨겁다. 2021년 3월 페이스북의 '리얼리티 랩(Reality Labs)'은 개발 중인 웨어러블 기기 'AR 손목밴드'를 소개했다. AR 글래스와 함께 손목밴드는 가상의 물체 및 상황을 제어하는데 손의 힘과 각도, 1mm의 움직임도 포착한다. 손목밴드는 2019년에 인수한 '컨트롤–랩스(Ctrl-labs)'의 기술을 토대로 제작되었으며, 컨트롤–랩스는 생각으로 컴퓨터를 조작하는 기술(Brain Computer Interface)을 개발하는 기업이다.

가상물체 제어	가상 키보드 입력	가상 상황 제어

출처 : Facebook reality lab homepage

　반지와 장갑을 활용한 방식도 개발되고 있다. 애플은 가상과 현실을 연계하는 인터페이스로 반지, 장갑 등을 활용하는 방식을 특허 출원했다.[59] 센서가 탑재된 반지는 착용자의 동작을 해석하고 주변 물체와의 관계를 파악하며, 센서가 많을수록 3D 환경에서 정확한 움직임을 인지할 수 있고, 반지를 엄지와 검지에 착용해 두 손가락으로 집기, 확대 및 축소, 회전을 식별할 수 있다.

◆ 애플의 반지와 장갑 특허

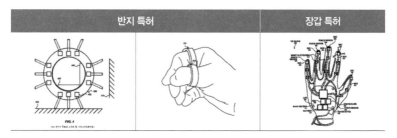

반지 특허	장갑 특허

출처 : 전자신문(2021.01.13.) "반지의 제왕 애플"; theguru(2021.01.05.), "애플, VR 장갑 특허 획득…
'메타버스' 시대 준비"

이외에도 '스마트 거울', '타워', '트레드밀(Treadmill)' 등 다양한 형태의 메타버스 기기들이 개발 및 출시되어 대중화를 위해 노력 중이다. 향후 다변화되는 메타버스 기기들이 기존의 PC, 모바일, 콘솔, VR HMD, AR 글래스, 스마트 시계 등과 연계되어 혁신적인 메타버스 경험을 제공하게 될 것이다.[60]

◆ 다변화되는 메타버스 기기

구분		내용
Care OS 컴퍼니의 Poseidon (스마트 거울)		- 개인위생, 피부관리 및 웰빙(well being)에 중점을 둔 가정용 화장실용 스마트거울 - 사용자의 피부 건강을 분석해 필요한 기능성 화장품을 추천 (깨끗한 치아 유지 방법, 헤어 추천도 포함)
Gate box Grande (타워)		- 네이버 라인의 자회사 '게이트박스(Gate box)'는 기존 탁상용 AI 홀로그램 어시스턴트 'Gate box'의 크기를 키운 '게이트박스 그란데(Gate box Grande)'를 공개('21.3월) - 2m 높이의 접객용으로 개발된 대형 캐릭터 소환 기기 - 심도 센서를 통해 사람이 접근 시 반응
HaptX Gloves (장갑)		- VR의 촉각 경험을 극대화한 글러브 - 133개의 촉각 피드백 센서가 부착, 가상에서도 실제 물건을 만지는 듯한 경험을 제공
버툭스 옴니(Virtuix Omni) One (트레드밀)		- 2021년 하반기 출시 예정, 가정용 보행 가상현실 기기 - 가상공간에서 사용자가 웅크리기, 쪼그리고 앉기, 뒤로 젖히기, 점프하기 등 자유로운 움직임을 지원 - 시선과 움직임을 일치시켜 '인지 부조화'를 줄일 수 있어 가상현실 기기의 문제점 중 하나인 멀미 문제를 해소

출처: www.care-os.com, www.gatebox.ai/grande, VRSCOUT(2021.01.26.), VRFOCUS(2020.10.09.) 자료 기반 작성

유망 투자처로 부상한 메타버스

메타버스 분야가 트렌드를 넘어 실제 투자의 대상으로 부상하고 있다. 미국의 아크 인베스트먼트(ARK Investment)는 투자대상 분야를 발표하는 'Big Idea 2021'에서 메타버스를 언급하며 가상세계(Virtual Worlds)를 유망분야로 선정하고[61] 관련 기업의 투자를 추진하고 있다. 아크 인베스트먼트는 3D 개발 플랫폼 선도기업인 유니티(Unity)의 지분을 계속 늘리고 있으며, 로블록스의 지분을 상장 당일에 50만 주 매입하기도 했다.

다수의 메타버스 기업들이 투자를 유치하거나 상장했으며, 기업가치도 증가하고 있다. 가상융합(XR, eXtended Reality) 스타트업에 대한 투자가 활발한데, 가상융합(XR) 스타트업 생태계가 성숙해지면서 2014년부터 2019년 상반기까지 투자 단계별 건수에서 Seed/Angel 단계 비중은 점차 감소하고, C이상의 투자 단계는 8%에서 16%로 증가했다.[62]

제페토를 서비스하는 네이버제트는 2020년 빅히트엔터테인먼트, YG엔터테인먼트, JYP로부터 170억 원 투자를 유치했다. AR 스타트업 레티널도 2018년 40억 원의 시리즈A 투자유치 이후, 2020년 80억 원 규모의 시리즈 B투자를 유치했다.

메타버스 플랫폼 로블록스는 투자유치 후 나스닥에 상장했는데, 로블록스는 2020년 2월 시리즈 G투자에서 1억 5,000만 달러를 조달했으며, 당시 평가액은 40억 달러였으나 시리즈 H투자에서 5억 2,000만 달러 조달에 성공하는 등 기업가치가 295억 달러(약 33조 원)로 600% 이상 크게 상승했다. 로블록스는 상장 증권신고서에 메타버스를 무려 16

번 언급하며 이를 주요 전략으로 제시했다.

◆ 주요 메타버스 기업들의 기업가치 변화

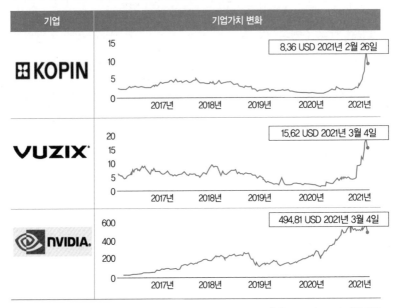

기업	기업가치 변화

출처 : Google stock 자료 종합

메타버스 분야에서 핵심기술을 보유한 기업들의 가치도 상승 중이다. 가상융합(XR)에 사용되는 마이크로 디스플레이 기업 '코핀(Kopin)', AR 글래스 기업 '부직스(Vuzix)', 그리고 GPU(그래픽처리장치)/옴니버스 플랫 폼 등 메타버스 구현 기술을 보유한 '엔비디아(NVIDA)' 등 메타버스 관 련 기업들의 가치가 크게 증가하고 있다.

메타버스 비긴즈 : 인간×공간×시간의 혁명

3장

메타버스,
산업을 바꾸다

: 메타버스+X

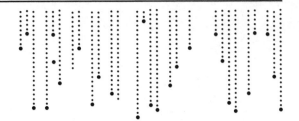

산업 지각변동의 진원, 메타버스

기존의 게임과 생활·소통 메타버스 플랫폼 제작에 활용되던 게임엔진이 이제는 전 산업과 사회 분야에 적용되면서 메타버스 확산이 본격화할 전망이다. 언리얼(Unreal), 유니티(Unity)와 같은 게임엔진의 적용 분야가 게임, 가상생활·소통 기반의 B2C(Business to Customer) 분야에서 B2B(Business to Business), B2G(Business to Government) 영역으로 확대돼 적용 중이다.

주요 게임엔진이 게임과 생활·소통 중심의 B2C 분야에 먼저 적용되었고, B2B와 B2G 영역에는 조금 늦게 적용되었으나, 지금은 적용 범위도 넓어지고, 참여기업도 활발하게 움직이고 있다. 2010년부터 성장한 B2C 게임, 생활·소통 메타버스 플랫폼은 2020년을 지나 2021년부터 강

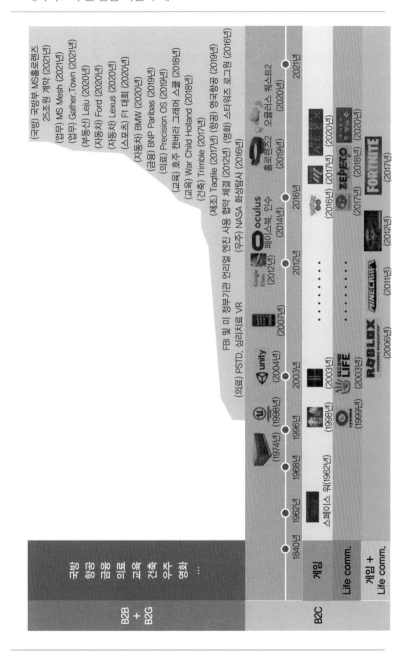

력하게 주목받고 있다. 특히 2021년 이후부터는 B2B, B2G 영역의 성장이 가세하면서 메타버스 시장의 성장은 변곡점을 넘어설 전망이다. 이제는 전 산업에 걸쳐 메타버스의 확산 속도가 빨라지고, 기업의 일하는 방식과 가치사슬에도 변화를 일으키면서 기업경쟁력에 크게 영향을 미치고 있다. 따라서 미래 기업의 경쟁력은 메타버스를 얼마나 잘 활용하느냐에 달려 있다.

메타버스를 구현하는 복합 범용기술인 가상융합기술(XR)+데이터 기술(D)×네트워크 기술(N)×인공지능 기술(A), 즉 XR+D.N.A가 전 산업의 생산성을 혁신하는 데에 핵심역할을 수행하게 되므로, 가상융합기술(XR) 서비스는 전 산업에 평균 21% 이상 활용되고 산업혁신을 주도적으로 이끌 것이다.[1]

그동안 생산 운영관리 인터페이스는 종이에서 시작하여 컴퓨터 스크린, 스마트폰 등으로 발전해왔으나, 최근에는 차세대 인터페이스로 메타버스의 핵심기기 중 하나인 증강현실(AR) 글래스가 주목받고 있다. AR 글래스는 재고관리, 불량품 확인, 작업훈련 등 생산 운영관리 전반에 적용될 수 있기 때문이다.[2]

스탠퍼드대학 '가상인간 상호작용 연구실(Virtual Human Interaction Lab)'의 제레미 바일렌슨(Jeremy Bailenson) 소장은 위험하거나 비용이 많이 들고, 체험 불가능하며, 생산성이 낮은 분야에 가상융합(XR)기술이 활발히 적용될 것으로 전망했다.

실제 화재를 진압하는 훈련은 매우 위험하고, 고비용이며, 많은 사람이 동시에 할 수도 없다. 하지만 가상융합(XR)기술로 가상화재 현장을

메타버스 비긴즈 : 인간×공간×시간의 혁명

몰입감 있게 구성하고, 지능화와 상호작용 요소를 반영하여 가상화재 상황 속에서 벌어지는 일들을 구현하면, 많은 사람이 가상 속에서 실제와 같은 훈련을 할 수 있다.

지금 일하고 있는 분야에서 위험한 상황을 대비해야 하는 순간이 있는가? 문제를 해결해야 하지만 체험이 어렵거나 불가능한 상황에 놓여 있는가? 실제로 구현되었을 때 대가나 부담이 큰 상황에 직면하였는가? 현실에서 해결하는 데에 큰 비용이 소요되는 상황인가? 메타버스에서 답을 찾을 수 있을 것이다. 이미 주요 선도기업들은 메타버스를 자사에 어떻게 도입할지 고민하고 있으며 다양한 시도를 하고 있다. 메타버스가 어떻게 각 분야의 산업을 혁신하고 있는지 살펴보자.

메타버스와 제조 혁신

미래의 제조업과 가상공장

2020년 엔비디아의 CEO 젠슨 황은 "메타버스가 온다."고 말하며 옴니버스(Omniverse) 플랫폼을 발표했다. 당시 젠슨 황은 메타버스가 게임에만 국한되어 있지 않다고 언급하며, 옴니버스 플랫폼이 다양한 산업에 적용될 수 있음을 예고했다. 옴니버스는 여러 사람이 협업하여 가상세계를 만들고 그 안에서 시뮬레이션을 할 수 있도록 지원하는 플랫폼이다. 지금도 다양한 게임엔진 등을 통해 가상세계를 만들고 있고, 적용 범위는 게임 이외의 산업 분야로도 확산하고 있다.

이미 가상세계를 만들고 있는 플랫폼이 있는데 옴니버스에 주목하는

메타버스 비긴즈 : 인간×공간×시간의 혁명

이유는 무엇일까? 옴니버스 플랫폼을 활용하면 현실에서 벌어지고 있는 물리법칙을 그대로 가상에서 구현할 수 있기 때문이다. 예를 들면, 태양이 비치는 강도, 공기의 밀도, 바람의 영향, 물방울의 흐름 등 우리의 실생활에서 이루어지는 현상들이 그대로 가상세계에 구현되고, 이를 바탕으로 다양한 시뮬레이션이 가능한 것이다. 엔비디아는 반사하는 빛을 현실처럼 구현하는 레이 트레이싱(Ray Tracing) 기술을 비롯해 게임에서 3D 이미지를 구현할 수 있게 지원하는 GPU(그래픽처리장치)를 오랫동안 개발해왔고, 여기에 인공지능 기술까지 결합하였다.

옴니버스에서는 가상에서 여러 사람이 모여 실시간 협업이 가능하다. 기존에는 가상공간을 만들 때 혼자서 순차적으로 만들거나, 여러 사람이 협업할 때도 각각의 개인들이 독립적으로 작업한 내용을 결합하고 이후에 수정하는 방식으로 진행되었다. 하지만 옴니버스에서는 동시에 여러 사람이 협업할 수 있고, 실시간 수정과 변경이 가능해져 효율성이 매우 높아졌다. 또한, 옴니버스에서는 항상 데이터가 최신 상태로 유지된다. 데이터를 다시 가져올 필요가 없다. 물리법칙이 적용되는 현실을 가상에서 구현하며 시뮬레이션을 하는 이 플랫폼으로 무엇을 할 수 있을까?

옴니버스로 실제 공장과 똑같은 가상공장(Virtual Factory)을 만들 수 있다. 구현된 가상공장은 공간과 설비의 배치가 실제와 같다는 의미를 넘어선다. 가상공장에서 일하는 사람들의 행동 패턴도 모니터링을 할 수 있다. 가상공장 기계들의 위치를 바꾸거나, 투입되는 소재의 배합을 바꾸었을 때의 결과도 시뮬레이션할 수 있다. 현실에서 설비의 배치를 바꾸거나 새로운 설비의 도입 효과를 사전에 점검한다는 것은 매우 어려운 일이다. 하지만 가상공장에서는 이를 시뮬레이션해볼 수 있고, 그에 따른 결과를 예측할 수도 있다. 이와 같은 가상공장을 통해 제조기업들은 자신의 상황에 맞는 최적의 설비와 규모를 알아낼 수 있다. 작업자와 일하는 로봇과의 상호작용도 구현할 수 있으며, 이들의 배치가 달라졌을 경우도 시뮬레이션을 통해 결과를 알 수 있다.

미래의 제조업은 어떻게 구성되고 관리될까? 미국 제조업자 협회 산하의 제조리더십위원회는 산학연 합동으로 전문가들과 함께 10년 뒤 제조업이 직면할 새로운 변화를 분석하여 공개했다. 미국 제조업 협회는 미국 내 1만 4,000여 개 제조업체를 대표하는 단체다. 위원회는 제조업의 미래 키워드 중 하나로 가상제조모델을 선정했다. 가상제조공정은 제품 개발부서가 전에는 시도하지 못했던 제품 디자인에 대해 실현 가능성이 있는지 없는지를 제공한다. 엔지니어들은 실제로 제품을 제조하기 전에 가상 시뮬레이션을 활용하여 실제 제조 공정과 관련된 문제점을 예측하고 해결할 수 있다. 가상제조모델은 제조업의 원가절감과 국제 경쟁력을 확보하는 데에도 활용될 수 있다. 제품의 요소, 소요시간, 조립과 생산 장비에 드는 비용을 분석하며, 가상의 제품조립을 평가하고 문제가 발생하면 가상의 팀이 해결에 나서기도 한다.[1] 이와 같은 가상제조모델을 구현하는 방안 중 하나가 바로 옴니버스 플랫폼인 것이다. 젠슨 황은 "앞으로 20년은 SF영화에서나 보던 일이 벌어질 것이다. 메타버스가 오고 있기 때문이다."라고 언급했다. 이런 SF영화 같은 일이 지금 BMW에서 벌어지고 있다.

메타버스에 빠진 글로벌 자동차 기업들

BMW는 엔비디아가 개발한 실시간 3D 협업 그래픽·시뮬레이션 플랫폼인 '옴니버스'를 통해 복잡한 자동차 제조 시스템을 메타버스로 전환하고 있다. BMW는 공장 전체를 가상화하려는 첫 번째 자동차 회사가 된 것이다. 전 세계 31개의 BMW 공장에서 일하고 있는 수천 명의 엔지니어, 개발자, 관리자들은 향후 하나의 가상공장에서 실시간으로 협업하면서 복잡한 제조 시스템을 설계하고 계획하며, 다양한 상황을 시뮬레이션할 수 있게 되었다.

옴니버스 플랫폼으로 근로자, 로봇, 건물, 조립 부품을 포함해 공장의 모든 요소를 고려하여 다양한 생산모델을 가상으로 구축하고 그에 따른 생산성을 측정하는 것이다. 공장을 신설하거나 새로운 자동차 모델을 제조할 때도 가상공장에서 먼저 생산 공정을 점검하면서 현실에서 발생할 수 있는 오류를 바로잡아 문제를 해결할 수 있다. 실제 설계안을 토대로 가상 시뮬레이션을 통해 단위제품 생산시간, 원자재 투입부터 제품 완성까지 걸리는 시간, 주문 접수 후 소비자 배송까지 걸리는 시간 등도 미리 계산할 수 있다. 생산 과정에서 인력과 로봇을 어느 공정에 배치할 때 생산성이 가장 높아지는지도 미리 확인할 수 있다. BMW 생산 담당 임원은 "옴니버스를 통해 공장 전체의 모든 요소를 시뮬레이션하여 계획 시간을 단축하고 유연성과 정밀도를 개선해 최종적으로 효율성을 30%나 개선할 수 있다. 옴니버스는 협업 플랫폼의 표준을 정립하는 게임 체인저(Game Changer)"라고 말했다.

가상공장의 시뮬레이션을 활용해 작업자의 동선을 줄이거나 부품 조립 시간을 단축하는 것으로도 생산성을 높일 수 있는데, 시뮬레이션 범위가 생산 과정 전반으로 확대되면 효율성은 크게 높아질 수 있다. BMW는 메타버스를 활용한 가상공장을 통해 대규모의 맞춤형 제조환경을 구축하고 있다. 미래의 BMW 공장에서는 사람과 로봇이 협업하고, 엔지니어들이 공유된 가상공간에서 실시간으로 함께하며, 공장 전체가 실시간 데이터에 기반하여 시뮬레이션 된다. 메타버스를 통해 팀을 연결하고 가상으로 미래 공장을 설계, 계획 및 운영하는 것이다. 새로운 제조가 탄생하는 것이다.

◆ 현실의 물리법칙이 적용된 BMW 가상공장(Virtual Factory)

출처: GTC 21, NVIDIA Omniverse, Designing, Optimizing and Operating the Factory of the Future

BMW는 공장 전체를 가상화하기 전부터 부분적으로 메타버스 환경을 적용해왔다. BMW 뮌헨공장에서는 태블릿PC에 증강현실(AR) 앱을 적용하여 각종 부품검사를 실행했다. 프라운호퍼 컴퓨터그래픽 연구소

메타버스 비긴즈 : 인간×공간×시간의 혁명

와 공동으로 개발한 증강현실 앱은 차량모델을 실제로 양산하기 전에 차량 설계 또는 제조 공정에서 어떤 조정이 필요한지에 대한 중요한 정보를 제공한다. 차체 조립 작업자들은 삼각대에 장착된 태블릿PC로 프레스 작업을 마친 차체의 각종 구멍 위치나 표면 특징 등 50가지 검사를 수초 만에 할 수 있다. 과거에는 맨눈으로 살펴보거나 컨베이어벨트 위에 설치된 카메라가 이상 유무를 점검했지만, 증강현실 앱을 적용하면 불과 몇 초 만에 정상 여부 판독이 가능해진 것이다.

◆ BMW의 증강현실(AR)을 활용한 자동차 부품검사

출처: 매일경제(2019. 4. 19.), "BMW, 생산시스템에 AR, VR 장비 도입"

메타버스는 제조 분야의 교육 훈련에도 유용하다. 가상융합기술(XR, eXtended Reality) 기반의 생산 훈련은 작업 환경이 위험하거나 기술교육 여건이 어려운 상황에서 효율적으로 제조기술을 습득할 수 있도록 지원한다. 가상융합 기반의 생산 훈련이 주로 적용되는 상황은 숙련된 작업자가 아닌 초보자가 투입되기엔 위험하거나, 고가의 재료비로 인해 기술

습득을 위한 실습이 어려운 경우, 또는 실제 작업 시 불편하거나 특별한
장비를 착용해야 하는 업무 등이다. 가상융합기술은 기술교육 중 발생할
우려가 있는 안전사고를 예방할 수 있고, 비싼 재료비를 낭비하지 않더라
도 충분한 교육을 시행할 수 있고, 쾌적한 실습 교육환경을 갖추어 초보
자가 짧은 시간에 숙련기술을 습득할 수 있는 교육 여건을 제공한다.

메르세데스 벤츠는 가상조립(virtual assembly)을 활용한다. 작업자가
부품을 손에 들고 조립하는 동작을 취하면 센서가 이를 인식해 화면 속
의 아바타가 똑같이 움직이는 것이다. 부품을 하나하나 조립해 실제로
자동차를 만들지 않아도 아바타를 움직여 차를 완성해가는 조립과정
을 가상으로 경험할 수 있게 한다. 숙련된 조립 기술자들에게 가상 체험
을 시킨 뒤 이들의 의견을 반영해 가장 효율적인 방식으로 교육 훈련을
시키는 것이다.

◆ 벤츠의 가상조립 훈련

출처: AutoMotoTV, Mercedes-Benz Virtual Assembly

과도한 투자 등의 문제로 위기를 겪다 최근 부활을 노리는 중국의 전

메타버스 비긴즈 : 인간×공간×시간의 혁명

기차 제조업체 패러데이퓨처도 메타버스를 통해 경쟁력을 키웠다. 2014년 4월 창업한 신생기업 패러데이퓨처가 세계 최대 IT 전시회인 'CES 2017' 개막을 이틀 앞두고 최고 시속 320㎞를 내는 1000마력짜리 전기차를 발표한 것이다. 패러데이퓨처가 단기간에 전기차를 개발한 비결은 가상현실이다. 실제 자동차 시제품을 만드는 대신에 가상현실로 시험 주행을 하였다. 가상으로 시뮬레이션한 결과를 통해 오류를 바로잡고 성능을 높이면서 최고 수준의 기술력을 갖추는 데 드는 시간을 대폭 줄인 것이다. 단기간의 목표달성은 불가능에 가까웠으나 가상현실을 활용해 18개월 만에 콘셉트카를 개발한 것이다.

현대자동차는 메타버스 디자인 회의를 열고 있다. 전 세계 현지에서 근무 중인 디자인 실무자들이 각자의 아바타로 가상공간에 만든 '현대차 VR 개발 공간'에 출근해 신차 다자인 회의를 연다. 서로 아이디어를 설명하며 손동작으로 헤드램프 등 다양한 부품의 모양을 바꾸고, 색상과 재질을 선택하여 어울리는지 확인한다. 부품 크기를 조정하고 위치를 바꾸기도 한다. 원하는 시간과 공간에서 디자인된 자동차를 배치해 볼 수도 있다. 시공간에 제약이 없는 것이다. 현대자동차가 가상현실(VR)을 도입하기 전에는 이 모든 것들을 손으로 그려서 보여주거나, 직접 디자인 클레이 모형을 깎거나, 실제 대형 모델을 만들어보면서 설명했던 일이다.

2019년 10월에 공개된 수소 전용 대형트럭 콘셉트카 '넵튠(Neptune)'의 혁신적 디자인이 이처럼 가상현실을 통해 탄생했고, 지금은 현대차가 개발 중인 모든 차종에 활용되고 있다고 한다. 디자인 작업의 특성상 단순한 영상회의로는 정보 전달과 소통 측면에서 한계가 있다. 현대자동차는 '가상 개발 프로세스'를 연구개발 전 과정에 도입할 경우 신차 개발 기간은 약 20%, 개발 비용은 연간 15%까지 줄일 수 있을 것으로 기대하고 있다.[2]

◆ 과거 클레이 작업 디자인 방식 vs 가상현실 디자인 방식

출처: https://news.hmgjournal.com/

제조기업들의 메타버스 전환

다양한 분야의 제조기업들이 메타버스에 주목하고 있다. 유럽 최대의 항공기 제조사인 에어버스는 마이크로소프트(MS)의 '홀로렌즈2' 헤드셋을 항공기 설계와 제조에 활용했다. 매뉴얼, 도표 등 디지털 정보를 가상으로 덧씌워 제조 시간을 3분의 1로 줄였다. 여객기 조립 상태를 점검하는 데에도 증강현실을 사용하고 있다. 대형 여객기 한 대에 들어가는 전선이나 배관의 길이는 모두 합치면 500㎞에 이른다. 막대한 양의

메타버스 비긴즈 : 인간×공간×시간의 혁명

전선을 정확하게 연결하기 위해 6만여 개의 거치대가 쓰이는데, 하나라도 잘못 연결되면 대형 사고가 발생할 수 있다. 에어버스는 증강현실을 이용해 거치대가 정확한 위치에 설치되었는지 점검할 수 있도록 했다. 과거에는 3주씩 걸린 거치대 점검 작업을 증강현실 기술을 활용해 이제는 3일 만에 끝낼 수 있게 된 것이다.

◆ 에어버스의 증강현실 도입 사례

출처: 마이크로소프트 홈페이지

미국 최대의 방위산업체 록히드마틴은 우주선 제조에 증강현실을 활용하여 생산성을 높이고 있다. 화성탐사선을 비롯한 우주선의 디자인과 제작 과정에 '홀로렌즈'라는 증강현실을 활용했다. NASA의 화성 여행용 오리온(Orion) 우주선 조립에 증강현실을 적용하기 시작했고, 증강현실 사용으로 드릴링(Drilling) 과정은 8시간에서 45분으로 줄었으며, 패널(Panel) 삽입과정은 6주에서 2주로 단축되었다. 이제 작업자들은 수천 페이지에 달하는 제조 메뉴얼을 들고 다니지 않아도 된다. 증강현실 글래스를 통해 필요한 메뉴얼을 바로 실행시켜 확인하며 작업할 수 있게 된 것이다.

◆ 록히드마틴의 증강현실 도입 사례

출처: The WALL STREET JOURNAL(2018.8.1), "Lockheed Martin Deploys Augmented Reality for Spacecraft Manufacturing"

GE는 원격정비, 디지털 매뉴얼을 활용한 조립에 증강현실을 활용하고 있다. GE는 생산, 조립, 수리, 유지관리, 물류관리 등 다양한 분야에서 증강현실을 활용하고 있다. GE 재생에너지 공장에서 풍력 발전용 터빈을 조립하는 작업자들은 증강현실(AR) 글래스를 착용하고 원격정비를 수행한다. 작업자가 눈으로 보고 있는 현장을 다른 공간에 있는 전문가에게 실시간 스트리밍으로 보여준다. 전문가는 마치 현장에 있는 것처럼 상황을 파악하고 작업자에게 정확한 지시 전달이 가능하다. 교육용 동영상을 보거나 음성으로 전문가에게 도움을 요청하는 것도 가능하다. 증강현실 기반의 디지털 매뉴얼을 활용하여 조립도 가능하다. 증강현실(AR) 글래스를 활용하기 전에는 공장의 작업자들이 작업을 중단

메타버스 비긴즈 : 인간×공간×시간의 혁명

하고 매뉴얼을 살펴보거나, 전문가에게 연락해 부품의 조립작업 상태를 확인하는 방식이었다. 이제는 증강현실 덕분에 작업을 중단하지 않고도 손쉽게 디지털 매뉴얼을 눈앞에 띄워 작업이 가능해졌으며, 증강현실을 활용해 작업하면 생산성이 기존의 방식보다 34%가량 향상되는 것으로 분석되었다.

◆ GE의 원격정비 및 매뉴얼 vs 증강현실 방식 성과 비교 사례

출처: www.ge.com, GE Report(2017. 5. 25.), "Looking Smart: Augmented Reality Is Seeing Real Results In Industry"

독일의 엘리베이터 제조사인 티센크루프(Thyssen Krupp)는 엘리베이터를 보수하고 관리하는 일에서 비효율 제거를 위해 증강현실을 활용하고 있다. 엘리베이터별로 3D 도면 및 서비스 이력 등 다양한 정보를 적시에 확인할 수 있고, 작업 중 화면 공유로 원거리 협업이 가능하다. 증강현실을 도입함으로써 서비스 유지관리 속도는 최대 4배 증가했다.

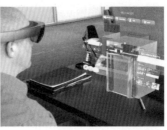

출처: ThyssenKrupp

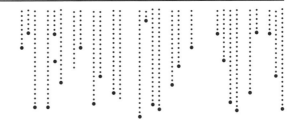

메타버스와 유통 혁신

유통시장에 부는 가상의 바람

인터넷 시대를 살아오면서 소비자들은 온라인으로 혁신 효과를 누렸다. 온라인으로 보고, 구매하고, 빠르게 배송받았다. 하지만 소비자들의 모든 고민이 해결되지는 않았다. 온라인에서 맘에 드는 옷을 보고, 이 옷이 나한테 맞을지 고민한 적은 없는가? 오프라인 가구점에서 책상을 보고 이 책상을 실제로 내 방에 놓으면 어울릴지 생각한 적은 없는가? 헤어숍에서 추천하는 머리와 화장이 나에게 정말 어울릴지 궁금해한 적은 없는가?

많은 경우, 구경은 매장에서 하고 물건은 온라인에서 최저가로 검색해 구매한다. 이를 표현하는 신조어가 쇼루밍(Showrooming)족이다. 온라인 쇼핑몰에서 모델이 착용한 사진만 보고 샀다가 실망하거나 오프라인 매장에서 구입한 물건이 온라인에서 훨씬 저렴한 것을 보고 후회한 경험을 통해 학습된 쇼핑 트렌드다. 반대의 경우도 있다. 온라인 쇼핑몰에서 제품을 자세히 살펴본 뒤 오프라인 매장을 방문해 구매하는 사람을 역쇼루밍족이라 부른다. 먼저 온라인을 통해 사용 후기와 같은 제품 정보를 충분히 입수한 뒤 오프라인 매장에서 제품을 눈으로 직접 확인하고 구매하는 것을 말한다. 온·오프라인 매체를 이용하는 순서만 다를 뿐 가성비와 구매 만족도를 극대화한다는 목적의식은 같다. 온라인으로 구매해 택배로 받은 옷을 실제로 입었더니 사이즈가 맞지 않아 속상했던 일이 있을 것이다. 결제를 위해 회원가입을 하는 것도, 환불과 교환 과정도 여간 귀찮은 일이 아니다. 그래서 이제 실제 착용 후기 등 제품에 대한 정보를 충분히 입수하고 구매를 결정한 후 오프라인 매장에서 손수 입어보고 직접 구매한다. 쇼루밍족과 역쇼루밍족은 온라인 구매의 한계를 극명하게 보여주고 있다.[1]

　메타버스 시대에는 집이 곧 매장이다. 집에서 매장을 가상으로 방문할 수 있고, 제품을 살펴보고 실제 착용해 볼 수도 있다. 의류 등을 착용하거나 화장품을 사용한 모습을 가상으로 미리 확인할 수도 있다. 소비자는 메타버스 환경에서 연결성을 느끼게 되고, 이는 제품과 서비스에 대한 신뢰로 이어진다. 47%의 소비자가 가상융합기술(XR)을 활용한 쇼핑에서 제품과의 연결성을 느낀다고 응답했으며,[2] 구매 시, 증강현실(AR)을 사용한 구매자 중 76%는 신뢰성이 향상되었다고 응답했다.[3] 구매전의 다양한 경험이 구매에 대한 신뢰성을 높인 것이다.

메타버스 환경에서는 가상피팅(Virtual Fitting)을 통해 원하는 제품과 서비스를 미리 경험하여 구매하기 때문에 반품도 줄일 수 있다. 가상피팅 플랫폼 기업인 지킷(Zeekit)의 CEO 야엘비젤(Yael Vizel)은 가상피팅 룸 서비스를 활용한 가상피팅으로 반품 비율이 38%에서 2%로 내려갈 수 있다고 언급했다.[4] 가상피팅은 이용자가 가상으로 다양한 제품을 적용해볼 수 있도록 지원한다. 또 이용자의 몸을 인식하고, 옷을 입은 것 같은 이미지를 제공한다. 이용자는 실제로 옷을 입지 않고도 색상, 크기, 스타일 등 다양한 측면에서 입어 본 것과 같은 효과를 낼 수 있다. 가구를 인식하고 실제 자신의 방에 놓으면 어떤 모습일지 미리 볼 수도 있다. 이러한 이유로 매장과 소비자와의 접점이 중요한 유통 분야에서 메타버스를 어떻게 활용할지가 매우 중요해졌다. 가상피팅 시장의 규모는 2019년 29억 달러(3.4조 원)에서 매년 평균 20.9%씩 성장해 2024년에는 76억 달러(9조 원)까지 성장할 것으로 전망되고 있다.[5] 이제 메타버스 시대의 가상피팅 매장으로 들어가 보자.

나이키의 데이터에 따르면 약 60%의 사람들이 잘못된 치수의 신발을 신고 다닌다. 북미에서는 이런 사람들이 1년에 약 50만 명에 이른다. 나이키는 이 문제를 해결하기 위해 증강현실 기반의 모바일 앱으로 구매자의 신발 치수를 정확히 측정할 수 있는 나이키핏(Nike Fit)을 출시했다. 데이터는 개인 프로필에 저장되어 계속 활용할 수 있다. 오프라인 매장에서도 데이터를 QR코드로 직원에게 전해줄 수 있다. 다른 사람의 발 치수를 측정할 수 있는 게스트(Guest) 모드가 있어 선물할 때에도 용이

하다. 인공지능을 활용해 등록한 발 치수를 기준으로, 신발 종류에 따라 다른 사이즈를 권한다는 것이다. 예를 들어, 스포츠용 신발은 발 사이즈에 딱 맞추어 권하고, 평상시 신는 라이프 스타일용 신발은 사이즈에 조금 여유를 두어 선택하도록 돕는다. 신발의 용도에 따라 최적의 사이즈를 제언하는 것이다.

◆ 나이키 핏(Nike Fit)

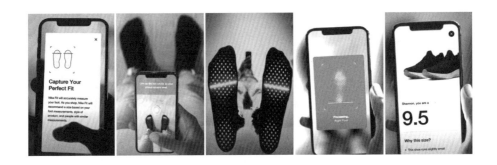

화장품을 구매하기 전에 가상으로 미리 체험해 볼 수 있다. 로레알은 2018년에 인수한 캐나다의 증강현실 인공지능 기업 '모디페이스(ModiFace)'의 기술을 활용해 소비자들이 스스로 피부를 진단하고, 다양한 화장품을 가상으로 체험해 볼 수 있는 3D 가상 메이크업과 같은 맞춤형 서비스를 선보였다. 로레알은 유통업체들과의 제휴도 확대했다. 아마존 등 15개 기업과 제휴하여 웹사이트와 앱 등을 통해 모디페이스

서비스를 제공하고 있다. 서비스 평균 이용 시간은 코로나19 이전 2분에서 9분까지 늘었다.[6] 이용자들은 증강현실 기술을 통해 자신의 머리 색깔과 파운데이션 톤 등을 바꿔가며 다양한 가상 체험을 해볼 수 있다. 미국의 대표 화장품 소매점인 세포라(Sephora)도 증강현실 기술을 활용해 다양한 종류의 메이크업 제품들을 직접 사용하지 않고 가상으로 얼굴에 적용해볼 수 있도록 지원하여 소비자들에게 큰 편리함을 제공하고 있다.

◆ 로레알의 가상(Virtual) 미용 체험(좌) 및 세포라(Sephora)의 가상 아티스트 기능

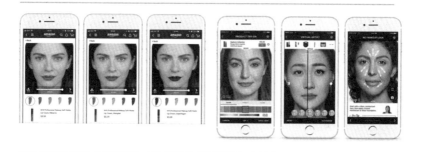

출처: 로레알, 세포라 홈페이지

옷도 가상으로 입어볼 수 있다. LG전자의 씽큐 핏(ThinQ Fit)은 3D 카메라를 활용해 이용자의 신체 치수를 정확히 측정하고 이를 바탕으로 이용자의 가상 아바타를 생성한다. 이 아바타를 대형 스크린이나 스마트폰 등 다양한 기기로 불러와 옷을 입힌다. 옷의 색상이나 스타일, 조임이나 헐렁한 정도까지도 살펴볼 수 있다. 이렇듯 가상피팅 기술을 실생활에 적용하면 오프라인 매장을 직접 찾는 불편함을 줄일 수도 있고,

생각만으로 옷이 자신에게 맞을지 고민하는 일은 현저히 줄어들 수 있다. 나라마다 옷의 크기와 표준화 정도가 달라 해외 직구를 할 때도 고민이 많았지만, 앞으로는 그런 고민이 없어질 것이다.

◆ LG전자의 씽큐 핏 가상(Virtual) 옷 피팅(Fitting)

출처: LG at CES 2020, LG ThinQ Fit Collection

안경도 마찬가지이다. 스타트업 블루프린트랩(BluePrintLAB)은 사용자의 안면 데이터를 분석하고, 가상으로 안경과 선글라스를 착용하도록 돕는 AR 가상피팅 솔루션을 제공한다.

◆ 블루프린트랩의 가상(Virtual) 안경 피팅(Fitting)

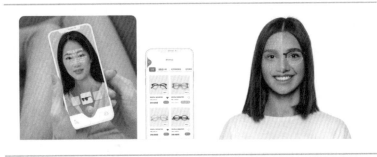

출처:www.blueprint-lab.com

가구와 페인트 색칠도 가상배치가 가능하다. 아마존은 가구를 방에 둔 모습을 확인할 수 있는 증강현실 쇼핑 도구 룸데코레이터(Room Decorator)를 공개했다. 아마존에서 판매되는 가정용 가구 제품을 선택한 다음에 버튼(View in Your Room)을 누르면 스마트폰 화면을 통해 방의 가구 배치 상태를 볼 수 있게 해준다. 가구를 집에서 실제 사용할 위치에 미리 놓아 보는 것이다. 여러 개의 가구를 지정하고 가상으로 배치해 볼 수도 있다. 영국계 페인트 브랜드인 듀럭스(Dulux)의 증강현실 앱을 사용하면, 카메라를 통해 보이는 사용자 집 안의 벽에 페인트 색을 가상으로 입혀볼 수 있어 큰 호응을 얻고 있다.

◆ 아마존의 룸데코레이터(좌) 및 듀럭스의 가상 페인트 칠

출처: 아마존 홈페이지

미국 인테리어 용품 판매업체 로위스(Lowe's)는 가상현실을 활용하여 고객에게 인테리어 체험 서비스를 제공함으로써 고객의 의사결정을 도와주고 최종 구매 확률을 높이고 있다. 가상현실 체험을 한 소비자의 구매 확률은 그렇지 않은 소비자 구매 확률의 2배 수준이며, 체험 소비자의 90%가 인테리어에 대한 자신감이 상승했다고 한다. 소비자가 제품

을 구매하기 전에 3D 모델로 인테리어 과정을 경험함으로써 시각화된 구매 효과로 셀프 인테리어에 대한 자신감이 증가한 것이다.

독일 물류업체 DHL은 증강현실을 활용해 물류센터의 운영 효율성을 높이고 있다. 늘어나는 물류센터 물품의 정보를 효율적으로 처리하고 저장하는 과정은 매우 중요하다. DHL은 증강현실을 이용하여 물품 정보를 신속히 처리, 물류 관리 단계의 효율화를 통해 평균 생산성이 15% 증가했다.[7] 물류센터 운영 프로세스에 증강현실 글래스를 도입하여 직원들의 제품 정보 처리 시간을 단축, 효율이 증가한 것이다. 또한, DHL은 증강현실을 활용해 물류센터에서 배송 목표지점까지 최적화된 동선을 파악, 적재 하차 속도 개선을 이루어 배송 시간을 절약하고 있다. 온라인 쇼핑 증가로 배송량도 늘어남에 따라 배송기사들에게 효과적이고 빠른 배송을 지원하기 위한 것이다. 물류 운영과정에서 증강현실을 이용하면, 배송물 적재 및 하차 속도를 개선할 수 있고, 부적절한 동작을 최소화하고 최적화된 배송 동선을 파악할 수 있어 배송 시간이 절약된다.

메타버스에 입점하는 기업들

메타버스라는 가상의 신대륙에서 경쟁우위를 선점하기 위한 유통업체들의 발걸음이 빨라지고 있다. 이미 패션, 엔터테인먼트 기업들이 메타버스에 다수 입점했고, 이들을 통해 가능성을 확인한 기업들이 메타버스 입점을 서두르고 있다. 편의점 CU를 운영하는 BGF리테일이 글로

출처: 제페토 유튜브 및 홈페이지

벌 메타버스 플랫폼 '제페토(Zepeto)'에 가상 편의점을 열었다. 업계에서 가상 편의점이 제페토에 입점한 것은 처음이다. 편의점은 제페토 속 인기 맵인 한강공원에 만들어진다. CU 제페토한강공원점은 루프탑에 조성된 테라스에서 겟(GET) 커피, 델라페 등 CU의 차별화 상품을 즐기며 별도로 마련된 파라솔, 테이블 등을 이용할 수 있는 매장이다. 실제 오프라인 점포에서처럼 아바타가 즉석원두 커피 기기에서 커피를 내리거나 한강공원 편의점의 인기 메뉴인 즉석조리 라면을 먹을 수도 있다. 오프라인의 경험이 메타버스에서 구현되는 것이다. CU는 이용자들이 자주 방문하는 공간인 교실과 지하철에도 향후 점포를 선보인다는 계획이다. 또 CU만의 특화 매장 콘셉트인 버스킹 공간도 추후 공개할 예정이다. 이곳에서는 실제 공연장처럼 노래를 부르거나 춤을 추는 등의 동작으로 공연을 할 수 있으며 다른 아바타들의 무대를 관람할 수도 있다. 제페토는 음성 대화를 지원하게 된다. 주목할 만한 점은 CU는 당분간 제페토에서 국내 단일 편의점 사업자로서 지위를 갖게 된다는 점인데, 제페토 입점은 입찰경쟁을 통해서 수주한 것이기 때문이다. 편의점 GS25를 운영하는 GS리테일도 입찰에 참여했다가 고배를 마셨다.[8]

이미 수많은 기업들이 메타버스 플랫폼에 입점해 있다. 제페토의 경우, MLB, 나이키, 컨버스, 구찌. 디즈니, 헬로키티 등 다수의 기업들이 입점해 있다.

가상의 쇼핑 거리를 구현한 플랫폼도 있다. 영국의 가상 쇼핑 플랫폼 스트리티파이(Streetify)는 사용자들에게 실제 거리를 걸으면서 매장을 방문하는 것 같은 경험을 제공한다. 사용자는 방문하고 싶은 특정 거리를 선택하고 자신이 원하는 방향으로 가상의 거리를 보행한다. 가상의 거리에서 관심 있는 매장을 발견하면 마치 실제 오프라인 매장에서처럼 매장 안을 둘러보며 쇼핑할 수 있고, 자신이 좋아하는 상점들을 선택해 자신만의 쇼핑거리를 만들어 소셜미디어에서 공유할 수도 있다.

◆ 스트리티파이(Streetify)의 가상 쇼핑 거리

출처: www.streetify.com

패션 주얼리 브랜드 '스와로브스키(Swarovski)'는 고객이 가상현실 기기를 착용하고 진열된 제품들을 감상하다가 구매도 가능한 가상현실 쇼핑 서비스를 출시했다.

◆ 스와로브스키(Swarovski)의 가상현실 쇼핑 및 결제 서비스

출처: www.newsroom.mastercard.com, "Mastercard And Swarovski Launch Virtual Reality Shopping Experience"

마스터카드(Mastercard)는 홍채 인증 기반의 결제 시스템을 결합한 증강현실 쇼핑 서비스를 개발했다. 증강현실 기기를 활용해 실제 매장에서 고객이 구매를 원하는 제품을 비추면 가격 및 원산지 등 다양한 정보가 제공되고 결제까지 연계된다.

메타버스에서 벌어지는 가상점포 경쟁이 오프라인 못지않게 치열해질 전망이다.

◆ 마스터카드의 증강현실 쇼핑 및 결제 서비스

출처: www.newsroom.mastercard.com, "Eyes the Future of Retail with Augmented Reality Shopping Experience"

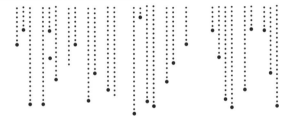

메타버스와 광고 혁신

광고혁명의 시작, 메타버스

메타버스 시대에 광고의 미래는 어떤 모습일까? 인터넷 혁명의 시대를 떠올려보자. 신문 등 전통매체 중심의 광고는 인터넷, 모바일, SNS로 급속히 대체되었다. 인터넷이 도래한 지 불과 15년 만에 구글 등 인터넷 강자들은 지구상의 모든 언론, 인쇄 매체보다 더 많은 광고를 가져갔다. 2020년 구글의 광고 매출은 약 188조 원에 달한다. 매체별 광고 매출 추이 변화를 보면 PC 혁명과 모바일 혁명이 폭풍처럼 지나간 흔적을 볼 수 있다. 2002년부터 2019년까지의 시간 동안 KBS와 MBC 광고는 절반 아래로 떨어졌다. 지상파방송 전체 광고 매출은 2002년 2조 7,452억 원 규모였으나, 2019년 1조 1,958억 원에 그쳤다. 이 기간 MBC[1]의 광고 매출은 6,584억 원에서 2,736억 원으로 하락 폭이 가장 컸다. MBC는 3년 연속 영업 손실을 내고 있고 지난해엔 그 규모가 966억 원에 달했다. 반면, 디지털 광고는 급격하게 성장하고 있다. 2019년 PC와 모바일을 합친 디지털 광고비는 처음으로 5조 원을 돌파했다. 검색 광고와 더불어 유튜브, 포털 등의 동영상 광고 시장 규모가 계속 상승하고 있기 때문이다.[2]

이제 광고 시장은 "인터넷의 다음 버전(Next Version of Internet)", 메타버스 혁명을 맞이해야 한다. 새로운 경쟁이 시작된 것이다. 이제 맞이할 메타버스 혁명의 시대에 우리는 새로운 메타버스 플랫폼에서, 가상인간

◆ 국내 매체별 광고 매출 추이(단위, 억 원)

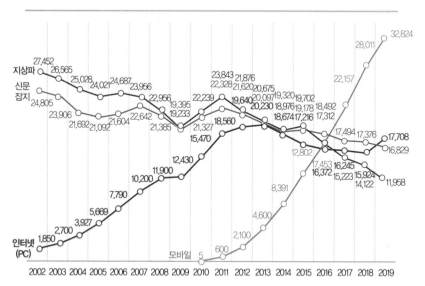

출처: 제일 기획

　　　　　　　　　　메타버스 비긴즈 : 인간×공간×시간의 혁명

(Virtual Human)과 함께, 가상과 현실을 오가며 생활할 것이다. 메타버스라는 새로운 인간과 공간, 시간 속에서 구현되는 경험에 광고를 담아야 한다. 사람이 모이는 플랫폼에 돈이 있고, 광고가 있다. 이미 이 교훈은 인터넷 시대에서 증명되었다. 이제 메타버스 플랫폼으로 사람과 자본, 그리고 광고가 몰리고 있다.

On Air, 메타버스

가상에서 펼쳐진 '2020 리그 오브 레전드(League of Legend) 월드 챔피언십'인 롤드컵이 역대 최고 시청 시간과 시청자 수를 기록했다. 프로 e스포츠리그인 롤드컵이 진행된 5주 동안 누적 시청 시간은 10억 시간을 돌파했고, 결승전은 16개의 언어, 21개 플랫폼에 걸쳐 전 세계에 중계됐으며, 결승전 최고 동시 시청자 수는 4천 6백만 명으로 집계되었다. 이 메타버스 공간에 수많은 사람들이 모여들었고 나이키는 이 기회를 놓치지 않았다. 나이키는 롤드컵 기간에 맞추어 최초의 가상 스포츠 광고를 제작해 선보였다. 코로나19로 인해 전통적인 오프라인 스포츠 경기가 대부분 중단되었으나, 리그 오브 레전드와 같은 가상 스포츠가 상승세를 타자, 나이키는 가상 스포츠의 영역에서 브랜드 메시지를 전하기로 한 것이다. 이 광고에는 가상 스포츠팀이 연습하는 과정을 재미있게 연출했다. 이들은 2021년 초 은퇴한 롤 프로게이머 우지(Uzi)가 이끄는 캠프 넥스트 레벨(Camp Next Level)에서 가상 스포츠 우승을 위한

◆ 나이키의 롤드컵 광고 '캠프 넥스트 레벨(Camp Next Level)'

출처: Nike Esports, CAMP NEXT LEVEL 2020

훈련 과정을 담았다. 선수들은 빠른 손놀림을 완성하기 위해 큐브 맞추기 훈련을 하고, 정신력을 키우기 위해 쏟아지는 악플들을 막아내고, 복싱 훈련을 하며 체력을 단련한다. 가상융합으로 등장한 우지는 우승을 위해서는 체력과 정신력 모두 중요하고, 숙면과 건강한 음식 섭취도 중요하다고 언급한다.

포트나이트 플레이어들은 나이키 아이템을 신고 돌아다니며, NFL(미국 프로풋볼리그) 기간에는 소속팀을 응원하는 가상 옷을 입는다. 브랜드는 그대로 노출되며 이를 본 다른 플레이어들의 구매욕을 자극한다.

리그 오브 레전드 경기장에서는 마스터카드의 옥외광고를 볼 수 있다. 전통 스포츠 경기장에서 흔히 볼 수 있는 배너 광고와 유사한 형태로, 리그 오브 레전드의 제작사 라이엇게임즈와 파트너십을 맺은 다양한 브랜드가 광고로 노출된다. 해당 배너는 경기에 임하는 프로 선수들의 화

메타버스 비긴즈 : 인간×공간×시간의 혁명

◆ 포트나이트의 나이키, NFL아이템 판매

◆ 포트나이트의 나이키, NFL아이템 판매

출처: 리그 오브 레전드(League of Legend), 포트나이트 홈페이지, www.verizon.com

면에서는 보이지 않고 시청자들이 보는 중계 화면에서만 노출된다. 리그 오브 레전드가 펼쳐지는 지역 리그와 국제 대회에 광고하는 파트너사는 현재 50개 이상이다. 포트나이트에서도 미국 최대 이동통신업체 버라이즌(Verizon)의 옥외광고를 볼 수 있다. 가상의 NFL 스타디움이 만들어지고, 오프라인에서 볼 수 있는 버라이즌의 광고도 그대로 볼 수 있다.

미국의 패스트푸드 체인점 웬디스(Wendy's)는 포트나이트 게임을

◆ 웬디스의 포트나이트 광고

통해 새로운 광고의 기회를 만들었다. 매력적인 게임 캐릭터로 변신한 웬디는 붉은 머리의 여전사가 되었다. 포트나이트 게임의 연맹을 위해 게이머들은 피자팀과 버거팀 중 하나를 선택해야 하고, 게임 속에서 웬디스 캐릭터는 버거냉동고(Burger Freezer)를 때려 부순다. 웬디스(Wendy's)에서는 "냉동고기를 사용하지 않는다(Doesn't Do Frozen Beef)"라는 것을 보여준다. 항상 신선한 고기를 사용한다는 것(Keeping Fresh)을 강조하는 것이다. 여전사 웬디가 냉동고를 내려치는 전투 장면은 실시간 스트리밍으로 1백 50만 분의 시청시간을 기록했고, 첫 10시간 방송에서 4만 3,500개의 댓글이 달렸다. 참가자들은 웬디스 캐릭터에 열광했다. 웬디스는 영상 광고를 통해 브랜드 메시지를 전달하는 기존의 방식과는 다르게 3.5억 명의 사용자가 있는 메타버스 플랫폼을 이용한 것이다. 이 광고는 칸 국제광고제 '소셜&인플루언서' 부문에서 나이키를 제치고 대상을 수상했다.

◆ LG전자의 동물의 숲 광고

출처: www.live.lge.co.kr

LG전자는 메타버스 소통 플랫폼인 '모여봐요, 동물의 숲'에 LG 올레드 TV를 알리는 가상공간인 '올레드 섬'을 마련했다. 동물의 숲 이용자는 방문 코드(꿈번지)를 입력하면 누구나 올레드 섬에 방문할 수 있다. LG전자가 인공지능 기술을 활용해 구현한 가상인간 김래아도 올레드 섬을 둘러보며 동물의 숲 게임을 즐기는 영상과 사진을 인스타그램에 게재하였다. 가상공간과 가상인간을 연계시키는 광고전략이다.

2020년 4월 폭스바겐은 코로나19로 인해 제네바 모터쇼가 열릴 수 없게 되자 가상현실 모터쇼를 자체적으로 개최해 자사의 신형 모델을 전 세계에 알렸다. 모터쇼를 가상으로 열어 부스를 둘러보고, 차량 색상과 휠 구성을 변경할 수 있도록 하는 다양한 경험을 고객에게 제공하였다.

폭스바겐의 모든 차량과 부스는 참가자와 상호작용이 가능한 방식으로 구현되어 방문객은 실제 모터쇼 현장에 방문한 듯 생생한 경험을 해볼 수 있다. 폭스바겐 마케팅 총괄인 요헨 셍피엘(Jochen Sengpiehl)은

◆ 폭스바겐의 가상 모터쇼

출처: https://avknewsroom.com/news/vw-virtual-motor-show/

"최초로 진행되는 이번 디지털 부스는 미래 혁신적인 온라인 경험을 제공하기 위한 폭스바겐의 새로운 시도로, 지속 가능한 발전을 위한 첫 번째 챕터일 뿐이다. 가상현실이 제공하는 기회를 최대한 활용하는 것은 폭스바겐이 추구하는 디지털화 전략의 일환이며, 향후 이는 경험 마케팅뿐만 아니라 브랜드의 표현, 고객 및 팬과의 상호교류에 있어서 필수적인 요소가 될 것"이라고 말했다.

명품들의 메타버스 광고대전

메타버스에서 명품들의 광고대전이 벌어지고 있다. 이탈리아 명품 브랜드 발렌티노는 신상품의 패션쇼를 닌텐도 스위치 게임 '모여봐요 동물의 숲'에서 진행했고, 오프라인 신상품을 가상아이템으로 제작했다. 미국의 패션 디자이너 브랜드 '마크제이콥스'와 '안나수이' 등도 메타버스 플랫폼에 자사의 신상품을 출시했다. '동물의 숲'은 가상 캐릭터가 집과 마을을 꾸미고, 이웃과 교류하는 커뮤니케이션 플랫폼이다. 2020년 3월 출시된 이후 글로벌 누적 판매량은 3,000만 장 이상이다.

◆ 발렌티노의 신상품과 '동물의 숲' 제작 아이템

출처: 발렌티노, 동물의 숲 홈페이지

루이비통은 리그 오브 레전드(League of Legend)와 협력해 '캡슐 컬렉션'을 출시했고 관련 상품은 1시간 만에 완판되었다. '캡슐 컬렉션'이란 급변하는 유행에 민감하게 반응하기 위해 제품 종류를 줄여 작은 단위로 발표하는 컬렉션을 말한다. 루이비통 로고가 들어간 의류, 신발, 가방, 액세서리 등을 리그 오브 레전드에서 만날 수 있게 되었다. 명품과 메타버스가 만나면서 브랜드 마케팅의 새로운 지평이 열린 것이다. 경쟁자 구찌도 가만히 있지 않았다. 구찌는 네이버의 메타버스 플랫폼인 제페토(Zepeto)에서 매장을 열어 의상과 액세서리, 3D 월드 맵을 출시해 300만 조회 수를 기록했다. 또 구찌는 모바일 게임회사 와일드라이프 스튜디오(Wildlife Studios)가 개발한 '테니스 클래시'와 협업해 게임 속 플레이어들의 캐릭터 의상을 선보였는데, 이 아이템은 실제 구찌 웹사이트를 통해 구매할 수도 있어 플레이어들에게 가상과 현실을 넘나드는 경험을 제공했다. 이외에도 '구찌 비', '구찌 에이스' 등 총 9개의 간단한 아케이드 게임을 개발해 구찌 모바일 앱에서 즐길 수 있게 했다.

◆ 구찌의 제페토 광고

메타버스를 적극 활용하고 있는 루이비통과 구찌는 미국의 IT 분야 리서치 전문기업 가트너(Gartner)가 선정한 명품 분야 디지털 IQ 지수 순위에서 1위, 2위를 차지하고 있다.

출처: www.gartner.com

메타버스와 교육 혁신

어서와, 이런 교육은 처음이지?

인터넷 혁명 시대의 이러닝(e-Learning)이 메타버스 교육으로 진화하고 있다. 메타버스 시대의 교육은 능동적이다. 학생은 수업시간의 주인공이 되고 능동적으로 질문을 하며 답을 얻는다. 교사는 일방적으로 정보를 전달하지 않는다. 학생이 체험한 교육내용을 토론하며 새로운 방향을 제시한다. 또한 메타버스를 활용한 교육은 몰입감을 통해 기억력을 향상시켜 교육 효과를 높일 수 있다.

미국 메릴랜드대학교의 연구에 따르면, 사람들이 가상현실 헤드셋을 이용해 정보를 제공받을 때 2차원으로 정보를 제공받을 때보다 훨씬 더 잘 기억했다. 가상현실 기기를 활용했을 경우, 데스크톱 기기를 사용할 때보다 기억 정확도가 약 8.8% 높게 측정되었고 몸의 전반적인 감각을 이용해 기억할 수 있어, 학습 및 기억 능력이 향상되었다. 연구는 컴퓨터와 가상현실 기기에 익숙한 대상자로 측정되었으며, 연구진은 정확한 기억 능력을 관찰하기 위해 '기억의 궁전(Memory Palace)'이란 가상의 공간을 만들고 다양한 이미지를 배치해 실험하였다. 실험 참가자들은 컴퓨터와 가상현실 기기를 활용해 공간을 돌아다니며 특정 사진이 그려져 있는 위치를 기억했고, 기억 능력 평가는 2분의 휴식 후 어떤 위치에 어떤 이미지가 있었는지를 맞추는 방식으로 이루어졌으며, 해당 실험은 다양한 가상의 환경에서 여러 차례 반복해 진행되었다.[1]

◆ 기억의 궁전(Memory Palace) 실험

출처: Eric Krokos 외 "Virtual memory palaces: immersion aids recall" Virtual Reality, 16 May 2018,

학습효과를 높이기 위해 가상융합과 인공지능 기술을 접목하여 피교육자와의 상호작용성을 강화하는 연구와 개발도 다양하게 진행되고 있다. 언어학습 플랫폼인 '몬들리(Mondly)'는 증강현실로 구현된 가상교사 아바타와 대화하거나 가상현실 공간에서 시나리오 체험이 가능하다. 테일스핀(Talespin)이 개발한 가상현실 기반의 기업인력 교육 프로그램은 피교육자가 가상 아바타와의 대화를 통해 인사관리 등 특정 상황에 필요한 업무 훈련을 수행한다.[2]

테일스핀 프로그램을 활용하여 가상현실 기반의 직무교육 효과를 측정한 PwC(PriceWaterhouse, 글로벌 회계컨설팅그룹)의 연구결과에 따르면, 교실에서의 대면교육과 이러닝을 활용한 교육보다 가상현실 교육이 교육시간 절감, 집중도, 학습효과 측면에서 더 향상된 결과를 나타냈다. 또한, 가상현실 교육은 직원 교육시간을 줄여 비용을 절감할 수 있으며, 훈련 참여자 규모가 늘어날수록 다른 학습 방법보다 효율적일 수 있다고 분석했다.[3]

◆ 훈련 방식에 따른 학습자별 비용

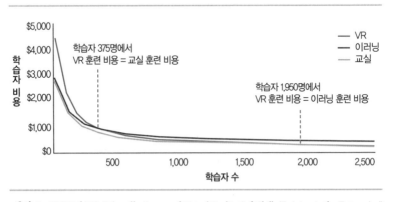

출처: PwC(2020.6.25.), "The effectivness of Virtual Reality Soft Skills Training in the Enterprise"

교육 혁신의 동력, 메타버스

미국의 항공우주 전문 교육기관인 엠브리-리들항공대학(Embry-Riddle Aeronautical University)은 메타버스를 활용해 대학 경쟁력을 강화하고 있다. 대학은 20년 넘게 온라인 교육을 활용해 왔다. 대학 캠퍼스는 플로리다주 데이토나 비치와 애리조나 프레스캇에 있다. 플로리다는 5,700명의 학부생과 600명의 대학원생이 있고, 애리조나에는 약 2,000명의 학부생이 공부하고 있다. 온라인 기반의 글로벌 캠퍼스도 있다. 온라인 학생 수가 2만 2,000명 이상이고, 캠퍼스 수는 전 세계에 걸쳐 130개에 이른다. 이 대학이 가상 크래시 랩(Virtual Crash Lab)을 활용하며 메타버스 대학으로의 전환을 시도하고 있다. 이 대학의 핵심 교육 분야는 항공 사고 및 안전 조사다. 가상 크래시 랩 운영 전까지 프레스캇 캠퍼스의 학생만 랩을 방문해 실제 경험을 할 수 있었다.

그러나 현재는 가상 크래시 랩(Virtual Crash Lab) 덕분에 전 세계 학생이 사고 현장에 가상으로 들어가 조사원으로서 현장에서 보고 들은 것을 경험할 수 있다. 학생이 항공기 조종실에서 항공 사고를 목격할 수 있고, 조종사와 항공관제센터 간의 대화를 들을 수도 있다. 비상 대응 조치 평가, 사고 현장 조사, 목격자와의 면담도 가능하다. 사진을 찍거나 측정하고 교수에게 자신의 조사 기록을 제출하고 수정할 수도 있다. 6년 전, 이 교육과정은 대다수 학생이 이용할 수 없다는 단순한 이유로 필수 교과 과정이 아니었다. 그러나 교수진이 가상현실 랩이라는 아이디어를 학교에 제시했고, 경영진이 이를 받아들였다. 대학의 부총

장이자 CIO인 베키 바스케즈는 "랩 환경의 물리적 공간이 한계가 있는 상황에서 이 아이디어를 통해 학생이 얻을 잠재적 혜택에 대한 비전이 확인됐다. 20년 이상 온라인 교육을 진행해 왔으므로 가상 랩 환경은 차세대 교육을 향한 자연스러운 진화다. 온라인 교육 시장에는 경쟁자가 많다. 가상현실 랩을 통해 우리 대학의 경쟁력을 한 단계 강화할 것으로 생각한다."고 언급했다. 가상 랩은 14개월 만에 완성되었으며, VR HMD, 모바일 앱 등을 통해 24시간 언제 어디서든 접속할 수 있다. 가상 랩이 생긴 후 대학의 연간 수익은 약 15만 4,000달러 증가했다. 학교는 여기서 혁신을 멈추지 않았다. 에어리얼 로보틱스 버추얼 랩(Aerial Robotics Virtual Lab, ARVL)으로 랩을 확대했다. 이를 통해 대학은 무인 자동 시스템 엔지니어링이라는 과정을 신설했고, 이로 인해 연간 38만 달러의 추가 수익을 기대하고 있다.[4]

◆ 엠브리 – 리들항공대학의 가상 크래시 랩(좌), 에어리얼 로보틱스 랩(우)

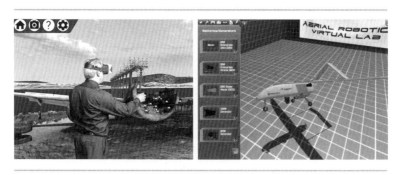

출처: https://worldwide.erau.edu/on-campus-learning

케이스웨스턴리저브대학교(Case Western Reserve University)도 의과대

학과 예술대학에서 메타버스를 적극 활용하고 있다. 마이크로소프트가 개발한 혼합현실 기반의 웨어러블 기기인 '홀로렌즈(HoloLens)'를 활용해 해부학 수업을 받은 학생은 시신으로만 같은 인체 부위를 공부한 학생보다 지식 습득이 두 배나 빨랐다.[5] 예술대학 학생들은 다양한 무대 연출을 메타버스 환경으로 구현하고, 관객들은 홀로렌즈로 공연을 관람했다. 오프라인 무대는 설치에 많은 비용이 소요되고, 관리가 어려우며, 다양한 상상을 구현하는 데에 한계가 있다. 하지만 메타버스에서는 가능하다.

◆ 케이스웨스턴리저브대학교의 홀로렌즈 활용 의료교육(좌), 예술교육(우) 사례

출처: 마이크로소프트 홈페이지

스탠퍼드대학교는 뇌와 같은 위험한 수술에 대비하기 위해 가상현실을 활용하고 있다. 기존에는 MRI나 CT 스캔을 활용해 환자의 뇌 상태

를 확인했지만, 이제 외과 의사들은 이 이미지들을 VR 기술과 접목해 뇌의 길쭉하게 솟은 부분과 갈라진 틈, 엽(葉), 정맥을 3D로 볼 수 있다. 수술실에 들어가기 전, 가상수술을 할 수 있게 된 것이다. 의대생들은 실물 크기의 디지털 폐 모형 주변을 걸어 다니며 관찰하고, 심장 안으로 들어가 판막과 혈액의 흐름을 살펴보며 해부학을 배울 수 있다. 의대생들의 학습평가 시 과거에는 수술 시간이 많은 부분을 차지했지만, 가상현실을 활용하면, 학생들의 실수 여부에 따라 점수를 매길 수 있다.

　메타버스 환경은 수술을 받는 환자에게도 도움을 줄 수 있다. 스탠퍼드대학에서 수술을 받은 400명의 신경외과 환자들은 수술 전 가상현실을 통해 수술이 어떻게 진행될 것인지를 미리 볼 수 있었다. 스탠퍼드 의대의 스타인버그는 "환자들에게 안도감을 주고, 어떤 수술이 진행되는지 정확히 보여줄 수 있다."고 말했다.[6]

◆ 스탠포드대학교의 신경외과 VR시뮬레이션 센터

출처: https://med.stanford.edu

　고위험 상황을 대비한 교육에서도 메타버스는 유용하다. 위험 상황은 매번 발생하지 않고, 모의 훈련을 한다 해도 실제와 유사한 상황과 몰입감을 느낄 수 없어 한계가 있다. 응급실 의료진들은 시간과 싸우며 중요한 결정을 내려야 하는 높은 스트레스 상황에 직면해 있다. 일반적으로 이런 상황에서는 고도로 숙련되고 경험이 풍부한 의료진이 필요하다. 하지만 의료진 공급이 부족한 여건에서 숙련된 의료진이 항상 대기하며 모든 상황을 해결하기는 매우 어렵다. 의료진들은 전통적으로 마네킹과 시신으로 교육 훈련을 받았으나, 이 방식은 실제 응급 상황에서 발생하는 다양한 문제를 해결하기 어려웠다.

로스엔젤레스 소아병원은 에이아이솔브(AiSolve) 및 바이오플라이트 VR(Bioflight VR)사와 협력하여 실제 응급 상황을 가상으로 구현하고 이에 대처하는 훈련을 하고 있다. 가상공간에서 이루어지는 모든 일은 실제 응급 상황과 똑같이 시간 제약하에 이루어지므로 의료진은 실제 상황과 같은 압박을 받고 집중하여, 침착하게 대처해야 한다. 가상 응급의

◆ 로스엔젤레스 소아병원의 가상응급 훈련

출처: www.forbes.com ; AISOLVE

료 훈련을 통해 훈련생 의사는 실패에 대한 두려움 없이 실제 상황에 대비할 수 있다.[7]

폴란드 바르샤바에 소재한 코즈민스키대학은 법학과 학생들을 위해 가상CSI(Virtual CSI)를 개발했다. 해당 콘텐츠는 실제 범죄 현장의 재현, 다양한 도구를 활용한 현장 분석, 시신 감식 등이 구현돼 있다. 대학에서는 이를 정식 교과과정에 포함하여, 교육생의 프로파일링 기법에 대한 교육과 평가를 진행하고 있다.[8]

또한, 경영학 분야에서도 가상현실을 이용하고 있다. 학생들은 가상현실 속에서 투자 결정을 기다리는 경영진에게 발표 연습도 하고, 발표 중간의 발생 상황에 대응해야 한다. 연습이 끝나면 컴퓨터는 학생이 말하기 속도를 유지했는지, 너무 조용히 또는 너무 크게 말하지 않았는지, 자세가 역동적인지, 몸짓으로 말의 중요성을 강조했는지 등의 다양한 분석을 한다. 시스템은 학생이 개별 청취자에게 시선을 고정한 시간까지 분석하며, 종합적인 결과는 교수와 논의하게 된다.

◆ 코즈민스키대학의 법학 및 경영학 분야 가상현실 활용 사례

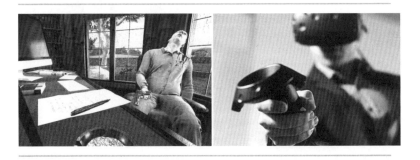

출처: www.kozminski.edu.pl

포스텍(포항공대)은 2021년 신입생 320명 전원에게 가상·증강현실 이미지를 실시간으로 보여주는 HMD(Head Mount Display) 기기를 나눠주었다. 언제 어디서나 메타버스 환경에서 교육받을 수 있도록 한 것이다. 가상환경에서 학생들이 직접 참여하는 실습수업은 물리학 과목에서 먼저 활용되었다. 학생들은 가상현실로 실습수업에 참여한 뒤 각자 따로 실험한 내용을 보고서로 제출한다. 이전에는 홈페이지 동영상이나 문서 파일을 보고 실험을 했다. 실험 강의는 체험해야 흥미를 느낄 수 있고, 생동감 있는 가상현실 강의는 경험 효과가 높을 것으로 판단한 것이다.

호주의 캔버라 그래머 스쿨은 3차원 개념이 필요한 교과과정에 홀로렌즈 기기를 활용하고 있다. 홀로렌즈를 활용하여 인체의 장기, 화합물의 분자구조, 수학의 원뿔 등 3차원 개념으로 이해해야 하는 생물·화학·물리·수학 등의 수업에 주로 적용하고 있다.

◆ 홀로렌즈를 활용한 분자구조 수업

출처: www.facebook.com/microsoftholonens

메타버스로 수학여행을 떠난 고등학교도 있다. 캐나다 몬트리올에 위치한 세인트 힐레어 칼리지에서는 코로나19로 인해 예정되었던 그리스 수학여행이 취소됐다. 그러자 이 학교의 역사 교사인 케빈 페로킨은 '어쌔신 크리드: 오디세이' 게임을 활용한 가상여행을 기획했다. 이런 계획이 가능했던 이유는 게임 안에 '디스커버리 투어' 모드가 있기 때문이다. 디스커버리 투어 모드는 역사 전문가와 학자들이 협력해 만든 게임 테마의 투어 콘텐츠다. 게임 속 세계를 박물관처럼 돌아다니면서 건물이나 문화재, 역사 등의 콘텐츠를 볼 수 있고, 이에 대한 설명을 음성 해설로 들을 수 있다. 어쌔신 크리드 시리즈 중 '오디세이'와 '오리진'에 수록되어 있다. '어쌔신 크리드: 오디세이'에는 그리스 29개 지역에 있는 300개 이상의 명소를 유명 도시, 일상생활, 전투와 전쟁, 정치와 철학, 예술과 신화 등 5가지 테마로 구분한 '디스커버리 투어 : 고대 그리스'가 포함되어 있다. 이를 활용해서 고대 그리스의 지역을 원하는 대로 구경하고, 퀴즈에도 도전할 수 있다.

◆ 어쌔신 크리드 게임의 디스커버리 투어

출처: 유비소프트

기업교육 측면에서도 메타버스가 활용되고 있다. 월마트는 미국 내 전체 5,000개 매장에 직원 교육용으로 가상현실 헤드셋 1만 7,000개를 보급했다. 월마트는 가상현실 교육 앱 제조사인 StriVR과 함께 100만 명 이상이 동시에 활용 가능한 교육 시스템을 구축했고, 이 시스템으로 진열대에 상품을 진열하거나 새로운 상품 픽업 기계를 사용하는 방법 등 기술과 소비자 서비스, 자율준수 사항 등을 교육하며 자사 교육 아카데미의 운영 효율을 높이고 있다.

◆ 월마트의 VR교육

출처 : www.blog.walmart.com,"How VR is Transforming the Way We Train Associate"

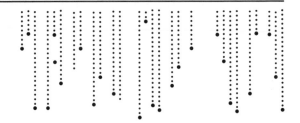

6

메타버스와 문화관광 혁신

메타버스 공연으로 모이는 사람들

메타버스 공간이 콘서트장으로 활용되면서 수많은 사람들이 참여하고 있다. 게임 플랫폼 '포트나이트'는 대표적인 메타버스 공연장이 되었다. 2020년 9월 25일 '방탄소년단(BTS)'은 신곡 다이너마이트의 안무 영상을 최초로 공개했는데 이들이 선택한 무대는 유튜브도, 음악방송도 아닌 포트나이트였다. 무대에 참석한 이용자들은 음악을 들으며 함께 춤을 추며 행사를 즐겼고 관련 게임 아이템도 구매했다.

방탄소년단을 포함해 세계적인 뮤지션들이 포트나이트를 통해 신곡을 공개하거나 콘서트를 개최했다. 미국의 'DJ마시멜로', '트래비스 스콧', '영 서그', '노아 사이러스' 등이 그들이다. DJ마시멜로는 2019년 2월 포트나이트에서 콘서트를 열었으며, 당시 동시 접속자는 1,100만 명이었다. 2020년 5월 미국의 인기 래퍼 트래비스 스콧이 포트나이트에서 연 가상콘서트에는 1,230만 명에 달하는 이용자가 관람객으로 참석했다. 트래비스 스콧은 가상콘서트로 오프라인 대비 10배가 넘는 매출을 달성했다.

포트나이트에서는 가수들의 공연뿐만 아니라 단편 애니메이션 영화제 쇼트나이트(Short Nite)도 개최되었다. 쇼트나이트는 포트나이트의 3차원 소셜 공간인 파티로얄에서 단편 애니메이션 영화들을 관람할 수 있는 영화제이다. 포트나이트 이용자라면 누구나 관람할 수 있다. 아카데미 시상식 단편 애니메이션 작품상 후보에 올랐던 작품과 세계 명작 단편 애니메이션들을 상영하며, 원하는 언어의 자막과 함께 시청할 수 있도록 했다. 포트나이트는 팝콘과 함께 영화제를 즐길 수 있도록 쇼트나이트 영화제 하루 전에 아이템 상점에서 새로운 점보 팝콘을 판매했

◆ 메타버스 공연 사례

BTS의 포트나이트 공연　　　포트나이트의 쇼트나이트　　　릴 나스 엑스의 로블록스 공연

출처 : 포트나이트, 로블록스 홈페이지 및 유튜브 영상 참조

다. 포트나이트 외에 주목받는 미국의 게임 플랫폼 '로블록스'에서도 공연이 이루어졌다. 미국의 유명 래퍼 '릴 나스 엑스'가 2020년 11월 로블록스에서 개최한 가상콘서트에는 이틀 동안 약 3,300만 명이 참석했다.

메타버스 공연의 장점은 상상을 구현할 수 있다는 것이다. 이미 고인이 된 가수들과의 합동 공연도 가능하다. 2020년 12월 혼성그룹 '거북이'의 리더인 '터틀맨'이 무대 위로 등장했다. 그가 세상을 떠난 지 12년만이다. 거북이의 멤버 '지이'와 '금비'는 이 초현실적인 경험에 감격을 금치 못했다. 명곡 '비처럼 음악처럼', '내 사랑 내 곁에' 등을 남기고 떠난 고 김현식의 공연도 이루어졌다. 다시는 볼 수 없을 것 같았던 두 사람의 특별한 무대가 메타버스에서 구현된 것이다.

◆ 그룹 거북이의 메타버스 공연 사례

출처 : Mnet AI 음악 프로젝트 '다시 한번' 유튜브 영상 참조

메타버스에서 이용자는 관찰자가 아닌 참여자로 행동할 수 있어 경험 효과가 극대화된다. 배우와 관객 사이에 존재하는 제4의 벽을 허물고 관

메타버스 비긴즈 : 인간×공간×시간의 혁명

객을 무대로 참여시킨다. 경기시나위오케스트라는 2020년 11월 공연에 게임 요소를 접목한 '메타 퍼포먼스: 미래 극장'을 선보였다. 공연에 게임의 특성을 도입, 온·오프라인 관객 모두가 공연을 직접 꾸며가는 방식으로 진행됐다. 명령어를 통해 가상현실 캐릭터를 조종하는 게임 플레이어처럼, 온라인 관객들도 명령어를 선택해 공연 진행 방식을 결정했다. 예를 들어 공연이 실시간으로 중계되는 트위치TV 화면에 '재담꾼과 판소리꾼 가운데 선택하시오'라는 질문이 떴을 때, '판소리꾼'을 선택하면 판소리꾼이 무대로 나와 앞으로 시작될 공연을 소개하게 된다. 또 관객들은 '대금과 가야금' 선택지에서 듣고 싶은 솔로 연주를 선택할 수 있고, 같은 연주를 계속 들을지 다른 악기 연주로 변경할지도 결정할 수 있다. 경기시나위오케스트라는 공연에 앞서 관객들이 손쉽게 공연 방식을 선택할 수 있도록 질문 12개를 미리 준비했다. 온라인 관객들의 다수결 투표를 통해 최종 명령이 이루어진다. 온라인 관객들은 실제 공연장에 있는 '오프라인 체험형 관객' 5명의 동선을 결정할 수도 있다. 체험형

◆ 경기시나위오케스트라의 '메타 퍼포먼스: 미래 극장' 공연 장면

관객들은 웨어러블(착용) 카메라 기기를 몸에 부착하고 헤드폰을 착용한 뒤 중계 캐스터를 통해 온라인 관객들의 지시를 전달받는다. 오프라인 관객은 게임 속 아바타가 되는 것이고, 온라인 관객은 플레이어가 되는 것이다.[1] 이는 객석에 앉아 모두가 같은 연주를 듣는 일방적인 감상에서 탈피한 공연이며, 관객에게 새로운 경험을 선보인 것이다.

메타버스는 축제 중

제프 베조스, 마크 저커버그, 일론 머스크 등 전 세계 창의적인 인재들이 매년 기다리는 행사가 있다. 매년 네바다주 사막에서 약 8만 명의 사람이 모여 자신들의 창작물을 공유하고, 마지막 이틀에 걸쳐 거대한 신전과 사람 모양의 조형물을 불태우는 행사 '버닝맨(Burning Man)'이다. 버닝맨은 '돈'이 아니라 '창작 욕구'가 인간성의 근원이라는 심오한 철학에 기반한 축제다. 금전 거래와 기업의 스폰서십 참여 등이 금지돼 있고, 참가자들은 오직 이곳에서 창의적으로 제조한 것들만을 서로 거래한다. 코로나19로 매년 열리던 오프라인 행사 개최가 어려워지자, 버닝맨은 메타버스 축제로 전환되었으며, 이를 위해 여의도 면적의 절반 정도에 해당하는 사막을 가상공간으로 구현했다. 1986년 시작된 이 창조자들의 축제가 처음으로 메타버스 공간에서 열린 것이다. 이 거대한 메타버스 전환 작업은 버닝맨 커뮤니티의 자발적 참여를 통해 해결되었다. 버닝맨 주최 측은 "블랙록 시티(버닝맨 개최 공간)를 가상공간에서 만들기 위해 어떤 형태로든 참여하겠다고 선언한 사람들이 1만 4000여 명에 이른다."고 언급했다. 2019년 버닝맨 참가자 수는 약 8만 명이었고, 2020년 메타버스 버닝맨에는 50만 명이 참가했다.

◆ 오프라인(좌), 메타버스(우) 버닝맨 페스티벌 비교

출처 : 버닝맨 홈페이지 참조

대학교 축제도 메타버스에서 이루어지고 있다. 대학 생활의 꽃인 축제가 코로나19로 인해 취소됐지만, 건국대학교는 캠퍼스를 가상공간인 '건국 유니버스'로 옮겨 그곳에서 축제를 열었다. 축제는 단순히 건국 유니버스 풍경을 구경하는 것에만 그치지 않았다. 단과대 건물을 방문하거나 캠퍼스 곳곳에 만들어진 재미있는 콘텐츠도 즐길 수 있도록 마련돼 있다. 1인칭 가상공간 갤러리 VVS(Vivid VR showroom), 가상공간 방탈출, 다양한 종목으로 진행되는 e스포츠 대회, 각종 전시회 및 공연 등이 개최되었다.

손에 땀을 쥐게 하는 메타버스 경기

사회적 거리 두기로 오프라인 스포츠 경기가 중단되었지만, 가상공간에서는 시공간을 초월한 실감나는 경기가 진행되었다. 코로나19로 인해 눈길을 끈 '가상(VR) 스포츠' 경기는 미국의 인기 자동차 경주대회 나스카(NASCAR)다.[2] 나스카는 60여 년의 역사를 지닌 미국 최대 모터스포츠 대회이며, 전 세계 150여 개국에 중계되어 연간 20억 달러(약 2.4조 원)의 수익을 창출하는 행사지만, 코로나19 확산으로 예정된 대회가 취소되었다. 하지만 메타버스 경기로 전환하여, 'eNASCAR iRacing Pro Invitational Series'를 개최하였고, 실감 나는 경기 콘텐츠를 제공하여 매주 90만 명이 넘는 시청자들이 관람했다. 폭스 스포츠(Fox Sports) 채널이 중계를 맡았으며, 선수 인터뷰도 진행했고, 코로나19에서 완치된 배우 톰 행크스가 국가를 제창했다. 1주차 경기에는 90만 3,000명, 2주차 경기에는 130만 명의 시청자가 경기를 시청했으며, 심지어 1주차 경기 시청자 중 22만 3,000명은 이전까지 나스카 경기를 시청한 적이 없다고 응답했다.

메타버스로 진행된 나스카 대회에서 우승한 데니 햄린(Danny Hamlin)은 "충돌 상황만 제외하면 모든 게 실제와 같다."고 언급했다. 세계적인 자동차 경주대회 포뮬러원(F1)도 'Virtual F1'을 개최하였고, 사이클 대회 'Virtual Tour of Flanders'도 메타버스를 활용해 진행되었다. 현역 FT 드라이버이자, 가상 FI 우승자인 샤를 르클레르는 "절대 쉽지 않았습니다. 굉장히 힘들었습니다. 의자에 앉아서 했고, 실제처럼 관성력이 작용하지는 않았지만 미친 듯이 땀을 흘렸습니다."라고 말했고, 사이클 대회 투어 오브 플랜더스 우승자인 그레그 판 아버르마트는 "가상공간이지만 응원하는 팬도 있고 광고판도 있습니다. 실제 대회와 비슷해 어색하지 않았고, 운동 강도는 대회에 참가한 것과 흡사해 가상 레이스도 평소와 똑같이 준비해야 했습니다. 가상대회가 더 많이 열리면 좋겠습니다."라고 언급했다. 메타버스 경주가 얼마나 실감이 났는지 느낄 수 있는 대목이다.

기존의 e-스포츠인 카트라이더 대회도 가상현실을 활용해 개최되었으며, 가상 응원전도 진행되었다.[3] 가상현실을 통해 카트라이더 리그가 생중계되었으며, 수십 개의 카트라이더 방이 만들어지고 가상 응원전이 펼쳐졌다. 화려한 코스튬과 응원도구를 든 아바타 관람객들이 대형 모니터가 설치된 공간에 모여 폭죽을 터뜨리며 응원전을 펼쳤다. '2020 리그 오브 레전드 챔피언스 코리아'(LCK) 결승전은 코로나19 여파로 무관중으로 진행됐지만, 가상현실 생중계로 현장감을 더했다. 가상현실 생중계로 경기를 관람하면 360도 방향으로 경기장 안의 게임 중계 스크린, 선수들의 표정까지 생생하게 전달돼 실제 관중석에 앉아 있는 듯한 느낌을 받을 수 있다.[4]

에픽게임즈의 메타버스 플랫폼 포트나이트는 2019년 7월 미국 뉴욕에서 첫 '포트나이트 월드컵' 대회를 개최했다. 이 대회는 2019년 4월부터 수개월에 걸쳐 온라인 예선만 10번 진행할 정도로 규모가 크다. 총상금은 3,000만 달러(356억 원) 규모이고, 우승 상금은 1,150만 달러(약 137억7000만 원)이다. 2019년 골프 황제 타이거 우즈의 우승 상금보다 1.5

배 가까이 많고, 대회 총상금 규모도 세계 최고 권위의 골프 대회보다 3배 가까이 많다.[5]

◆ 메타버스 스포츠 대회

출처: NASCAR, FI, FLANDERS, SKT homepage

메타버스 시대에는 스포츠를 관람하는 방법도 바뀐다. 내셔널풋볼리그(NFL) 애플리케이션(앱)에서 미국 최대 통신사 버라이즌의 가상 슈퍼스타디움을 활용할 경우, 팬들은 7가지 카메라 각도로 현장 곳곳을 누빌 수 있다. 또 증강현실(AR)을 통해 팬들은 마치 경기장 한복판에 있는 것과도 같은 경험을 할 수 있다. 이를 위해 버라이즌은 3D 콘텐츠 제작 및 운영 플랫폼 기업인 유니티(Unity)와 손을 잡고 NFL 경기장을 3D로 스캐닝했다. 버라이즌은 총 28개 NFL 경기장에 5G 네트워크를 설치했다.

떠나요, 메타버스 여행

코로나19로 인해 관광여행은 중단되었지만, 가상여행에 대한 관심이 증가하고 있으며, 메타버스를 통해 지구상의 모든 곳을 방문할 수 있다.

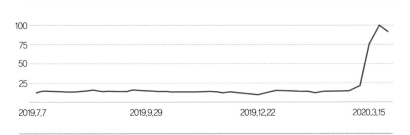

◆ 가상관광(Virtual Tour) 검색 양 변화

출처: 소프트웨어정책연구소(2020), "비대면 시대의 게임체인저, XR(eXtended Reality)"

여행보험기업 인슈어마이트립(InsureMyTrip)은 코로나19 기간 중 구글 검색에서 가장 큰 증가세를 보인 가상투어 명소를 발표했는데. 가상 루브르 박물관이 1위를 차지했다.[6] 프랑스 루브르 박물관은 전시 작품을 가상현실로 관람할 수 있는 가상투어 서비스를 개발해 제공했으며 이후 누적 방문자 수는 1,500만 명을 돌파했다.

숙박 공유업체 에어비앤비(Airbnb)는 가상여행 체험 서비스를 제공하고 있다. 여행객들이 현지에서 하던 경험을 온라인을 통해 할 수 있도록 한 것이다. 현재 150개 이상의 프로그램이 있고, 결제하면 시간에 맞춰 접속 링크를 보내준다. 파리의 오래된 빵집 주인에게 빵 만드는 법 배

출처: https://petitegalerie.louvre.fr

우기, 아테네 거리 벽화 투어 등 다양한 경험을 할 수 있고, 프로그램 중 하나인 스페인 와인 장인에게서 와인 담그는 법 배우기는 한 주 동안에 약 2만 달러의 매출이 발생했다. 현실에서는 체험하기 어려운 체르노빌 투어도 프로그램에 포함되어 있다.

비대면 환경에서 느끼는 갑갑함을 가상현실 여행으로 풀 수 있는 다양한 서비스도 제공되고 있는데,[7] 구글어스 VR을 이용하면 '로마 콜로세움' 등 글로벌 여행 명소를 VR을 통해 체험 가능하다. 갈라360은 세계 이용자들이 각지에서 촬영한 360도 사진으로 가상여행을 즐길 수 있는 것이 특징이다. 플랫폼 내 '명예의 전당'에서는 프로가 촬영한 고품질의 360도 여행지 사진과 미국항공우주국(NASA)의 화성 360도 사진도 VR로 볼 수 있게 구성되어 있다. 갈라360은 스마트폰으로 쉽게 접근할 수 있으며, VR헤드셋 없이도 웹브라우저를 통해 주요 여행지를 둘러볼 수 있다. 에베레스트를 VR로 감상할 수 있는 '에베레스트VR'과 미국 대학 캠퍼스를 VR로 둘러볼 수 있는 '유비지트(youvisit)', 이용자가 마치 여행지에 있는 듯한 느낌을 제공하는 '리얼리티즈' 등도 있다.

　미리 연출된 가상현실 영상을 넘어, 관객이 직접 여행지를 돌아다니는 경험을 선사하는 가상관광도 있다. 페로제도(Faroe Island)는 제주도 보다 작은 인구 5만 명 수준의 섬나라이다. 페로제도는 새로운 관광 경험을 제공하고 있는데, 관광객이 웹사이트에 접속하면 머리에 카메라를 장착한 아바타를 만날 수 있다. 이 아바타는 실제 사람이며, 관광객이 원하는 방향으로 섬을 관광할 수 있다. 현지 주민과 관광청 직원들이 아바타로 관광 가이드 역할을 한다. 관광의 주제도 매일 바뀐다고 한다. 온라인 여행자들은 게임 캐릭터를 조종하듯이 이 아바타를 움직일 수 있다.

◆ 페로제도(Faroe Island) 가상관광

출처: www.remote-tourism.com

메타버스와 부동산 혁신

부동산 산업에도 메타버스의 바람이 거세게 불고 있다. 메타버스를 활용하면 시공간을 초월해서 주택이나 건물의 내외부를 체험할 수 있다. 부동산 거래를 위해 매번 집주인과 시간 약속을 잡아 방문할 필요도 없다. 실제로 완성되지 않은 부동산도 완공된 가상의 모습으로 만날 수 있다. 전 세계의 부동산 구매자들은 메타버스를 통해 잠재력 있는 부동산을 가상에서 확인할 수 있다. 입주자 모집 계약이 끝나면 사라질 모델하우스를 만들 필요도 없다.

부동산 기업 직방의 설문 조사에 따르면 "주택 매입 시 현장을 방문하지 않고 3차원(D), VR(가상현실) 정보만을 이용해 집을 계약할 의사가 있는가?"라는 질문에 1,152명 중 876명(76%)이 "그렇다"고 응답했다. "앞으로 3D·VR 부동산 정보를 이용할 의향이 있다."는 응답도 89.8%(1034명)로 높게 나타났다. 골드만삭스는 가상현실 및 증강현실 기반의 부동산 시장규모가 2025년까지 약 800억(약 90조 원) 달러에 달할 것으로 전망했다.

중국의 가상부동산 플랫폼 기업인 베이커자오팡(Beike Zhaofang)은 가상현실 집 투어 서비스를 제공하고 있다. 코로나19로 인해 2020년 1월부터 3월까지 중국에서 110개의 중소 부동산 기업이 도산했지만, 베이커자오팡의 주택 조회 수는 반대로 급증했다. 2020년 2월에 가상현실을 활용한 주택 조회 수는 1월의 35배인 하루 평균 35만 건을 기록했으며, 현재 중국 내 120개가 넘는 도시에서 330만 개가 넘는 가상 투어를 제공 중이다.

◆ 베이커자오팡(Beike Zhaofang)의 가상부동산 투어

출처: www.supchina.com

가상융합(XR) 기반의 건축물을 보유한 미국 기업 매터포트

(Matterport)는 3D카메라를 활용해 실제 공간을 가상공간으로 바꾼다. 제작된 공간데이터는 클라우드 기반의 건축용 플랫폼에 저장되어 부동산, 가상 집구경, 전시관, 여행 등으로 다양하게 활용되고 있다. 매터포트는 질로우(Zillow), JP&어소시에이츠(JP&Associates) 등의 부동산 및 건축업계와 협업하면서 가상공간을 계속 확대하고 있다. 매터포트에 따르면, 매터포트를 사용하는 중개인의 74%가 더 많은 계약을 체결하고 있으며, 문의자의 95%가 3D 가상 투어를 실시하고, 2D 이미지가 아닌 매터포트 3D 가상 투어를 활용했을 때의 몰입도는 300% 더 증가하는 것으로 나타났다.

◆ 매터포트(Matterport)의 가상부동산 투어

출처: 매터포트

프랑스 은행 BNP파리바(Paribas)는 Vectuel & RF Studio와 협업하여 부동산 구매자를 위해 프로젝트 단계의 부동산을 가상으로 시각화

해주는 서비스를 제공하였다.

◆ BNP파리바(Paribas)의 가상부동산 서비스

출처: BNP Paribas Real Estate

국내의 3D 공간데이터 플랫폼 기업 '어반베이스'는 현실의 주택 및 아파트를 가상화시켜주는 스타트업이다. '어반베이스'의 가상공간 전환 프로그램에 아파트 평면도를 입력하면 곧바로 3D 아파트 공간이 나타난다. 이렇게 구현된 가상공간에 다양한 가구와 전자제품들도 원하는 방식으로 직접 배치해 볼 수 있다. 법으로 정해진 용도별 건축 설계 기준을 바탕으로 컴퓨터가 높이 값을 추정해 평면도를 입체화하는 방식이다. 과거에는 건물 설계를 할 때 평면도를 보면서 완성된 건물을 상상해야 했다. 하지만 이제는 가상현실에 나타난 3D 집 모형을 보면서 업무 효율을 높일 수 있다.

국내의 실감형(Immersive Tech) 가상현실 전문기업 올림플래닛의 부동산 중개 솔루션 '집뷰'는 2015년 상가 부동산 분양을 목표로 개발한

출처: 어반베이스

가상현실 서비스다. 이 서비스는 견본주택부터 분양 매매까지의 과정을 가상현실로 제공한다. 실제 내부 설계도를 활용하여 가상공간을 만들기 때문에 분양 현장을 직접 방문하지 않아도 되는 장점이 있다. 올림플래닛은 직접 개발한 가상부동산 솔루션을 활용해 현재 국내외 사이버 모델하우스 100여 개를 운영하고 있다. 2016년 6개 정도였던 고객사가 매년 두 배씩 늘고 있으며, 지금까지 300여 개의 관련 프로젝트가 추진되었다. 매출은 2015년 4억 3,900만 원에서 2020년 60억 1,700만 원으로 급증했다. 가상부동산 솔루션 기반의 경쟁력으로 건설, 쇼핑, 유통업 분야로도 사업 영역을 확대하고 있다.

국내의 부동산중개 앱 서비스인 '다방'은 가상현실 방 투어, 3D 단지 투어, 동영상 홈 투어, 전자계약시스템을 도입할 계획이다. 앱을 통해 검증된 매물을 직접 골라 집을 보고, 계약과 송금까지 온라인으로 가능하

출처: 올림플래닛

도록 추진한다는 것이다. 전자계약시스템이 도입되면, 임차인이 발품 팔지 않고 직접 집을 선택할 수 있으며, 그 자리에서 집 계약까지 완료할 수 있다. 임대인은 자신이 보유한 부동산 매물을 다방 플랫폼에 등록하고, 임차인은 가상현실 등을 활용하여 매물을 확인한다. 다방에는 매물 검증팀이 존재하며, 이들은 50여 개의 항목을 분석하여 부동산 구매에 필요한 곰팡이, 온수 등 다양한 정보를 제공한다. 임차인과 임대인은 다방 부동산 플랫폼 내에서 온라인 서명을 통해 계약을 완료할 수 있다. 계약 과정에서의 데이터는 다방 플랫폼에 반영되어 저장된다.

부동산중개 앱 '직방'도 가상현실을 활용하고 있다. 2020년 상반기 'VR 홈 투어' 서비스가 적용된 매물의 조회 수는 전년 대비 같은 기간보다 5.1배 증가했고, 문의도 9.7배로 증가했다. 조회 수는 VR이 없는 매물의 7.3배, 문의는 3.8배가 많다. 가상현실을 활용하면 매매나 전세 계

약 체결 확률도 높아진 것이다.[1]

◆ '직방'이 구현한 가상현실(VR) 모바일 모델하우스

◆ '직방'의 홈 투어

출처: 직방

　　현실의 부동산을 메타버스로 보여주는 방식에서 벗어나, 가상의 지
구를 실제 부동산처럼 사고파는 가상부동산 거래게임 '어스2(Earth2)'

도 있다. '어스2'는 2020년 11월 호주 개발자 셰인 아이작이 구글의 위성 지도를 기반으로 만든 가상의 지구다. '어스2'에서 부동산 정보를 확인하면 구매자의 국적이 국기로 표시가 된다. 국기는 프로필 설정에서 변경할 수 있어 실제 국적과 반드시 일치하지는 않는다. '어스2'의 발표 자료에 의하면, '어스2'에서 한국인이 투자한 자산 규모는 626만 달러(약 70억 원)로 3위를 차지했다. 2021년 4월 초 276만 달러(약 31억 원), 5월 초 446만 달러(약 50억 원)로 3개월간 매월 20억여 원씩 증가하였다. 한국 이용자들의 누적 거래량도 56만 개로 미국의 60만 개에 이어 2위를 차지했다.

◆ 어스2(Earth2)

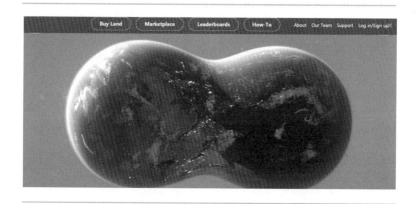

출처: 어스2(Earth2) 홈페이지

METAVERSE

4장

메타버스,
사회를 바꾸다

BEGINS

선의를 위한 메타버스

모두를 위한 메타버스

장애, 차별, 사회적 고립 등 우리 사회는 다양한 문제를 안고 있다. 오랫동안 해결되지 않는 난제들에 직면해 있다. 메타버스 혁명은 3장에서 언급한 것처럼 전 산업에 혁명을 일으키고 생산성을 혁신하는 도구가 될 수 있다.

그렇다면 메타버스는 산업에 그치지 않고 사회의 다양한 문제를 해결하는 사회 혁신의 동력이 될 수는 없을까? 메타버스를 통해 사회 구성원들이 서로를 이해하고, 그 사회의 문제에 공감하고, 참여하는 기회를 만들 수 있을까? 메타버스가 사람들에게 꿈과 희망을 심어주고, 차별과

장애 그리고 두려움을 넘어설 수 있는 용기를 줄 수 있을까?

우리는 메타버스를 통해 상대방을 이해하고 공감할 수 있다. 복합 범용 기술이 만드는 차별화된 경험가치 4I(Imagination, Immersion, Intelligence, Interaction)로 인간과 공간 그리고 시간을 재구성해서 상대방의 입장이 되어 공감할 수 있다. 역지사지(易地思之)할 수 있다. 사회의 다양한 난제에 메타버스가 도전하고 있다.

메타버스, 꿈★은 이루어진다.

메타버스가 사람들에게 꿈과 희망을 주고 있다. 매년 12월 24일 밤부터 25일 새벽까지 세상에서 제일 바쁘게 일하는 사람은 산타클로스다. 과학자의 계산에 따르면 산타클로스는 시속 818만 300㎞, 초속 2,272㎞라는 엄청난 속도로 썰매를 끌며 전 세계 아이들을 찾아간다.

설문 조사결과에 따르면 "산타는 없다"라는 말을 들었을 때 응답자의 15%는 배신감을, 10%는 분노감정까지 느낀다고 답했다. 또 30% 정도는 어른들에 대한 신뢰도에 영향을 미친다고 응답했다.[1] 자녀가 산타클로스를 꼭 만나고 싶어 하면 어떻게 할 것인가? 신뢰를 얻고 싶은가? 메타버스에서는 가상 산타클로스를 만날 수 있다.

핀란드 로바니에미(Rovaniemi) 관광청과 산타클로스 공식 항공사인 핀에어(Finair)는 크리스마스 시즌을 맞아 가상현실 산타 마을 여행서비스를 최초로 선보였다. 로바니에미는 매년 수십만 명이 산타클로스

를 보러오는 관광명소다. 가상여행 서비스는 2020년 12월 25일부터 총 8회 진행되었으며, 30분이 소요된다. 가격은 1인당 10유로(한화 약 1만 4,000원)이며, 핀에어에서 예약하고 가상 좌석을 선택할 수 있다. 가상현실에서 객실 승무원이 제공하는 다과를 즐기고 별이 빛나는 하늘을 감상하며 오로라(북극광)을 바라볼 수 있다. 겨울의 도시 로바니에미에 도착한 고객은 북극권을 건너 산타의 오두막에 들어가 산타클로스를 직접 만날 수 있다. 관련 수익금은 유니세프를 통해 코로나19로 피해를 입은 어린이를 지원하는 데에 사용됐다.

"한 번만이라도 보고 싶다." 사별한 딸을 만나고 싶은 엄마, 그리고 아내를 먼저 떠나보낸 남편의 말이다. 이 불가능한 만남이 메타버스에서 이루어졌다. MBC 가상현실 다큐멘터리 〈너를 만났다〉는 혈액암으로 갑작스레 떠나보낸 7살 난 딸을 엄마와 가상에서 만나게 해준 프로그램이다. 가상융합기술(XR)과 인공지능 등을 활용하여 딸의 얼굴과 몸, 표정,

출처 : mbc

목소리를 가상으로 구현했다. 가상공간 속에서 딸과 만난 엄마는 딸이 좋아하던 미역국을 끓여준 뒤 사랑한다고, 한 번도 잊은 적이 없다고 말해주며 생일 케이크에 초를 켜기도 했다. 딸과의 가상 만남 후, 엄마는 "웃으면서 나를 불러주는 딸을 만났다. 잠시였지만 너무나 행복한 시간이었다. 늘 꾸고 싶었던 꿈을 꾼 것 같이. 딸을 그리워하고 아파하기보다는 더 많이 사랑하면서 내 옆의 아이들과도 많이 웃으며 살고 싶다. 그래야 떠나보낸 딸을 만날 때 떳떳할 수 있으니."라는 글을 개인 블로그에 남겼다. 관련 유튜브 영상은 일일 기준 조회 수 1,300만 회를 넘길 정도로 높은 관심을 받았고, 전 세계 시청자들로부터 수많은 댓글이 올라왔다.

두 번째 이야기는 세상을 떠난 아내와 재회한 남편의 이야기였다. 가상공간으로 들어서자 아내와 함께했던 옛집의 풍경이 펼쳐졌다. 그 순간 아이들도 "우리 집이다"라며 환하게 웃었다. 벽에 걸려 있는 가족사진, 베란다에 걸린 그네와 자동차까지, 남편과 아이들은 가상으로 구현

출처 : Make a wish foundation

된 집에 놀라워했다. 남편은 가상현실 속 아내에게 "잘 있었어? 이제 안 아파?"라며 안부를 물었고, 두 사람은 오랜 추억이 담긴 옛집에서 마지막 춤을 추었다. 아내를 다시 안아본 남편은 "사랑해줘서 고맙다"고 말하며 눈물을 흘렸다. 아내를 만나고 싶은 남편의 꿈이 이루어졌다.

미국의 제이든 라이트라는 소년의 꿈은 우주비행사다. 해마다 수천 명의 난치병 아이들의 소원을 이루어주는 '메이크어위시(Make a Wish) 재단'은 자원봉사자들과 미국항공우주국(NASA) 연구원, 미 공군 관계자, 메타버스 콘텐츠 제작사들과 함께 제이든의 꿈을 돕기 위해 협력했다. 제이든은 상상력과 열정이 넘쳤던 만큼 자신의 소원을 창의적으로 제시했다. 자신이 타고 갈 우주선의 색상과 우주여행 중에 얼마나 많은 별이 보이는지, 자신을 맞아주는 외계인 친구를 어떻게 대할지 등 세세한 부분까지 생동감 있게 묘사했다. 실현 불가능해 보였던 제이든의 소원은 가상현실로 이루어질 수 있었다. 제이든의 소원은 재단이 최초로 이루어준 가상현실 소원이며, 난치병을 앓고 있던 제이든의 마법 같은 소원은 재단이 선정한 "가장 혁신적인 소원" 어워드(Award)를 수상했다. 가상공간을 제작한 채드 에이코프(Chad Eikhoff)는 "가상현실은 과거에는 상상도 할 수 없던 장소에 우리를 데려다줄 수 있다. 창의성에 기술적인 측면까지 더해져, 흡사 마법처럼 멋지게, 제이든의 소원이 실현될 수 있었다."고 언급했다.

메타버스, 편견과 두려움을 넘어서

미국 연방수사국(FBI)의 조사에 따르면, 2018년 혐오 범죄가 7,120건 발생했고, 그중 57.5%는 인종 편견에서 비롯되었으며, 혐오 범죄의 대상은 흑인이 46.9%로 가장 많았다.[2] 인터넷이 없었던 시기에는 여행자들을 위한 안내서가 필요했다. 여행 중에 머물 숙박 장소와 음식점 정보가 필요했기 때문이다. 1930년대 중반에서 1960년대 후반, 당시 흑인들은 많은 호텔과 레스토랑 입장이 거부되었기 때문에 흑인들만 갈 수 있는 곳을 따로 정리해 놓은 여행서가 있었다. 바로 〈그린 북(Green Book)〉이다.

흑인을 비롯해 인종에 대한 편견과 차별은 오랫동안 계속되어 오고 있다. 이 문제를 어떻게 해결할 수 있을까? 여러 방안이 모색될 수 있지만,

출처 : https://www.indiewire.com

가장 중요한 첫걸음은 바로 상대방을 이해하고 공감하는 것이다. 게다가 실제 그 사람의 입장이 되어 보는 것이다. 메타버스에서는 이러한 체험이 가능하다. 가상체험 '트래블링 와일 블랙(Traveling While Black)'은 그린 북을 따라 이동하는 흑인들의 여행을 일인칭 시점에서 경험할 수 있게 했다. 이를 통해 흑인들의 환경에 직접 노출되어 그들이 받는 차별과 그들의 생각을 이해할 수 있다. 제작자인 로저 로스 윌리엄스(Roger Ross Williams)는 "흑인이 아니면 일반적으로 경험할 수 없는 흑인들의 영역에서 그들이 나누는 대화를 통해 새로운 경험을 제공하고 싶었다. 몰입 경험을 통해 체험자들에게 크고 깊은 영향을 주고 싶었다."라고 언급했다.[3]

15살 소년이 친구들과 농구 게임을 하러 가다가 경찰을 만나 제압당한다면 어떤 기분일까? 스탠퍼드대학의 가상인간 상호작용 연구소(Virtual Human Interaction Lab)가 개발한 '1000 cut for journey'라는

출처 : https://moguldom.com

프로젝트에서는 이런 가상경험을 일인칭 시점에서 할 수 있다. 이외에도 다양한 성별, 연령대별로 흑인들이 직면하는 사회적 배제, 차별의 경험을 해볼 수 있다. 스페인 바르셀로나대학 연구팀에 따르면, 이런 가상체험을 통해 그들이 겪는 차별과 선입견, 물리적 폭행, 사회적 배제에 대한 이해를 높일 수 있었다. 실험 분석결과, 백인들의 흑인에 대한 인종 차별 및 편견이 현저히 감소한 것으로 나타났다.[4]

높은 곳에 올라가면 누구나 두려움을 느낀다. 하지만 두려움이 보통의 수준을 넘어 극도의 불안과 공포감으로 이어지고, 이로 인해 일상생활에 지장을 받는다면 큰 문제다. 이런 고소 공포증을 해결하기 위한 전통적인 방법은 고소 공포증이 있는 사람을 실제로 높은 곳까지 데리고 올라가 공포 상황을 대면하게 하는 것이다. 공포와 불안이 가라앉을 때까지 지속적이고 체계적으로 직접 노출을 시키는 방식이다. 하지만 이 방식은 위험 환경에 환자가 직접 노출되고, 주변 환경을 완전히 통제할 수 없다는 단점이 있다. 만일 이러한 치료과정 중에 위험 상황이 추가로 발생하면 환자는 공포대상에 대해 더 큰 트라우마를 가질 수 있다. 메타버스는 오래전부터 이런 문제에 대한 해법으로 제시돼 왔다.

현실에서는 불가능한 상황을 가상현실로 제공할 수 있다. 또 그런 상황을 통제하고 예측할 수 있어 환자를 대상으로 안전하고 다양한 환경 훈련을 할 수 있다. 1993년 미국 심리학자 랠프 램슨은 고소 공포증 환자 60여 명을 대상으로 가상현실을 활용한 실험을 했는데, 놀랍게도 90% 이상에서 효과가 나타났다. 처음에는 사다리도 못 올라가던 사람이 가상훈련이 끝날 때쯤에는 산을 오르기 시작했다.

2018년 영국 옥스퍼드대학의 다니엘 프리먼 교수 연구진은 가상현실에서 전문가 도움 없이 환자 스스로 고소 공포증을 치료할 수 있는 프로그램을 개발해 적용한 결과, 획기적인 치료 효과를 확인했다고 밝혔다. 연구진은 고소 공포증 환자 100명을 대상으로 연구를 진행했다. 환자 100명 중 50명은 한 번에 30분씩 2주간 4~6회 가상현실 치료 프로그램을 받도록 했다. 치료를 받지 않는 나머지 50명은 이전처럼 일상생활을 했다.

환자들은 가상현실(VR) 체험을 위한 장치인 HMD(Head Mount Display)를 사용하여, 가상공간 속의 10층 높이 빌딩으로 올라가 나뭇가지에 매달린 고양이를 구출하거나, 과일을 따는 등의 미션을 수행했다. 평균 4.5회 가상현실 프로그램을 경험한 환자들은 설문 조사에서 고소 공포증이 평균 68%나 줄었다고 응답했다. 치료를 받지 않은 그룹은 3% 감소에 그쳤다.

출처 : www.forbes.com, Oxford VR

연구를 수행한 옥스퍼드대학 연구팀은 '옥스퍼드VR(Virtual Reality)'이라는 기업이 되었으며, 이 가상현실 치료 방법으로 2020년 1,250만 달러의 투자를 받았다.[5] 이후 '옥스퍼드VR'은 고소 공포증 가상치료에서 성공한 경험을 바탕으로 다양한 사회 공포증을 치료하기 위한 프로젝트를 개발 중이며, 이중 'Yes I can'은 불안증 환자를 돕는 가상현실 심리 치료 프로그램이다.

사람들은 저마다 다양한 종류의 불안을 안고 살아간다. 어떤 이는 극심한 불안 장애로 집 밖에 나서기도 두려워 일상생활이 거의 불가능하다. 이런 경우 심리 치료를 받는 데에는 시간과 비용의 문제도 발생한다. 불안을 포함한 각종 정신 질환은 전 세계 모든 국가에서 계속 증가하고 있으며, 이로 인해 2030년까지 16조 달러의 비용이 발생할 것으로 전망되고 있다. 세계보건기구(WHO)는 2020년 현재 약 4억 5천만 명이 이런 문제에 직면해 있고, 향후 전 세계 인구의 25%까지 확대될 것으로 보고 있다.[6] 이런 문제를 해결하는 데에도 메타버스는 유용한 대안이 될 수 있다.

미국 서던캘리포니아대학(USC)은 외상 후 스트레스 장애 치료를 위해 이라크 전쟁 장면을 재현해낸 가상현실 시스템 '버추얼 이라크(Virtual Iraq)'를 개발했다. '외상 후 스트레스 장애'란 전쟁, 자연재해, 사고 등의 심각한 사건을 경험한 뒤 그 사건에 대해 지속해서 트라우마를 갖는 정신질환을 말한다.[7] '버추얼 이라크'는 X박스의 인기 있는 실시간 전술 게임 '풀 스펙트럼 워리어'의 개발 환경을 재사용했다. 이라크 참전용사들에게 가상현실(VR) 속에서 이라크 전쟁 장면을 재경험하게 하는 장기간 노출 치료법이다. 전용 헬멧에 장착된 고글을 착용하면 이라크 중심가가 투영되고 상공을 경계하는 미군의 헬리콥터 소리와 코란을 암송하는 목소리 등이 실감 나게 들린다. 또 폭발음과 진동이 가해지고, 중동 지방에서 흔히 맡을 수 있는 특유의 냄새까지 더해져 실제로 이라크 전장에 다시 들어간 것 같은 착각을 일으킨다. '버추얼 이라크' 치료법은 불안에 대한 습관을 발생시켜 차차 자극이 무뎌지는 원리를 이용한 것이다.[8]

미국 캘리포니아대학 의과대학의 멀티미디어 심리치료센터에서는 가상현실을 이용해 비행공포증 환자를 진짜 비행기 의자에 앉히고 비행기 내부를 보여주며 의자를 진동시키고 비행기 엔진소리를 들려준다. 가상현실을 통해 환자들이 공포증 발작 증세를 보이기 시작하면, 의사는 환자에게 주의를 다른 데로 돌리게 하여 환자의 불안감을 서서히 줄여나가는 방식으로 치료한다.[9]

◆ XR Health의 코로나 환자 가상현실 심리 치료

　세계에 7600만 명, 일본에 120만 명의 사람들이 말더듬증으로 고민하
고 있다. 일본 기업 '도모렌즈(DomoLens)'는 가상현실을 활용하여 이 문
제를 해결하고 있다. 도모렌즈는 면접이나 발표, 자기소개, 전화 등 가상
의 상황을 제시하고, 이를 경험하면서 말하는 훈련을 돕는다. 도쿄 신주
쿠에 위치한 정신과 외래 환자 진료소와 협력하여 시범 운영을 시작했
으며, 향후 인공지능을 적용하여 훈련 환경을 고도화할 계획이다.[10]

　격리된 코로나19 환자의 불안감을 관리하고 모니터링하는 데에도 메
타버스가 활용되고 있다. 미국 기업 'XR Health'는 가상현실 기반의 원
격 건강 서비스를 통해 격리된 코로나19 환자를 치료하고, 귀가 후 모니
터닝할 수 있도록 지원한다. XR Health CEO인 에런 오(Eran Orr)는 "가
상현실 헤드셋을 착용하고, 휴식을 취하고, 가상의 놀라운 장소를 방문
하는 능력은 환자가 격리된 상태에서 감정을 대처하는 데에 도움이 된
다. 가상현실 치료 플랫폼에는 스트레스와 불안을 치유하는 프로그램

이 있다. 이는 코로나19 치료를 받는 사람들에게도 중요한 관심사이다."
라고 언급했다.

세상을 밝히는 빛, 메타버스

사람이 가지고 있는 오감(시각, 후각, 청각, 촉각, 미각) 중에서 가장 중요한 감각을 꼽으라면 다수의 사람이 시각을 꼽을 것이다. 그만큼 시각은 우리 일상생활에서 가장 큰 역할을 하는 감각이다. 사람이 감각기관을 통해 획득하는 정보의 80% 이상은 시각으로 얻어진다고 한다.[11] 선천적 원인으로 혹은 후천적 사고에 의해 시각을 잃은 사람들이 있으며, 이로 인한 상실감은 짐작하기 어렵다. 전 세계 시각장애인은 2050년 1억 1천 500만 명이 될 것으로 추정된다.[12] 하지만 메타버스가 이들에게 도움이 될 수 있다.

삼성전자가 개발한 가상현실 앱 '릴루미노(relumino)'는 전체 시각장애인 중 80%를 차지하는 저시력인들에게 일정 수준 이상으로 시력을 회복할 수 있게 도와준다. 릴루미노는 "빛을 되돌려준다."는 뜻의 라틴어다. 안경에 탑재된 카메라가 이미지를 스마트폰으로 전송하고, 스마트폰에선 이미지 확대·축소, 윤곽선 강조, 색상 대비·밝기 조정, 색상 반전 등을 거쳐 안경으로 전송한다. 많은 시각장애인들이 중심, 주변부를 인식할 수 없거나 사물이 왜곡되거나 초점이 잡히지 않아 힘들어 하고 있다. 릴루미노 글래스는 전맹을 제외한 1급에서 6급의 시각장애인들에게

◆ 삼성전자, 시각장애인 릴루미노 체험

출처: 삼성전자

◆ 비비드 비전(VIVID VISION)을 활용한 시각장애 치료 화면

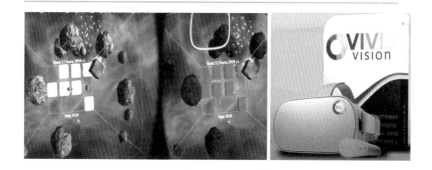

출처: Vivid Vision

왜곡되고 뿌옇게 보이던 사물을 보다 뚜렷하게 볼 수 있도록 도와준다.

미국의 스타트업 '비비드 비전(Vivid Vision)'은 약시나 사시 등 눈에 문제가 있는 사람을 대상으로 이를 치료할 수 있는 가상현실 프로그램을 개발했다. 게임을 이용하여 좌우 눈에 미묘하게 다른 이미지를 투사하

◆ Notes on blindness

출처: Vivid Vision

여 잠자던 뇌를 자극하고, 눈과 뇌의 연계를 복원해 시력을 강화한다. 2019년 기준 세계 205개 병원에서 사용 중이며, 시각장애 환자가 직접 구매해 가정에서 사용할 수도 있다.

가상현실 다큐멘터리 〈실명에 관한 노트(Notes on Blindness: into darkness)〉는 시력을 잃어가는 과정을 1인칭 관점에서 경험할 수 있게 해준다. 신학자 존 헐(John Hull)이 실명을 경험하며 오디오 카세트에 녹음한 기록들을 활용해 만들었다. 이처럼 우리는 메타버스를 통해서 시력을 잃어가는 상황을 공감할 수 있으며, 시력을 회복할 수도 있다.

메타버스, 기억을 찾아서

전 세계 1,200만 명에게 고통을 주는 질환이 있다. 바로 치매다. 2050년이 되면 치매 환자는 지금의 3배가 될 것으로 추정된다. 노인들이 가

200   메타버스 비긴즈 : 인간×공간×시간의 혁명

장 걸리기 싫어하고, 당사자는 물론 가족들에게도 고통을 주는 악성 질환이다. 메타버스가 치매를 고치는 데에 활용되고 있다.

미국 MIT 대학의 스타트업 렌데버(Rendever)는 가상현실로 노인들의 사회적 고립과 치매 문제 해결을 돕고 있다. 렌데버는 요양 시설에 거주하는 노인들을 위한 가상현실 플랫폼인데, 간병인이 태블릿을 통해 헤드셋을 조작할 수 있다. 환자의 어린 시절, 해외 휴양지, 스포츠 경기, 친지 결혼식 등을 몰입된 가상공간에서 볼 수 있도록 한다. 가족들이 360도 카메라로 결혼식이나 생일파티 등의 행사를 촬영해 요양 시설에 있는 환자의 계정으로 업로드할 수도 있다.

가상현실 체험은 자연스럽게 사람들의 말문도 열게 한다. 가상공간 속 실감 나는 풍경은 많은 노인들에게 추억의 장소를 떠올리게 돕는다. 여간해선 입을 열지 않는 치매 노인도 가슴 설레던 순간의 이야기를 꺼내기 시작한다. 눈 앞에 펼쳐진 생기 넘치는 광경이 유쾌하고 따뜻한 감

◆ 렌데버(Rendever) 활용 장면

출처: Rendever

정을 불러일으키기 때문이다.

렌데버의 CEO 카일 랜드(Kyle Rand)는 사회적으로 점차 고립되어 가는 자신의 할머니를 보면서 아이디어를 구상했다. 경험과 추억은 노인들이 서로 관계를 형성하고 친밀감을 쌓아가는 데에 도움을 준다. 실제 요양 시설에 머무는 노인 2명 중 한 명은 우울증이나 소외감을 느낀다고 한다. 카일 랜드는 렌데버 플랫폼으로 노인들의 행복감을 40% 정도 끌어올릴 수 있다고 언급했다. 렌데버는 현재 150개 이상의 노인 커뮤니티에서 활용되고 있으며, 2년 이상 렌데버를 지속 사용하는 비율은 95%에 이른다. 노인들은 렌데버를 통해 자신의 소원을 이루기도 한다. 조지 헤트릭(George Hetrick)은 미국 그랜드 캐니언 국립공원에서 하이킹하는 것이 소원 중 하나였다. 신체적인 한계로 그의 꿈은 불가능해 보였으나, 렌데버는 가상현실을 통해 그의 꿈을 이루어주었다.

영국에서는 가상현실을 이용해 치매 환자를 돕는 '더 웨이백(The Wayback)' 프로젝트가 진행 중이다. 이 프로젝트 그룹은 자신의 가족 구성원이 치매로 고통받는 모습을 보고 프로젝트를 시작하게 되었다. 치매 환자의 기억을 자극하여 그들이 타인과 연결된 상태로 지내고 자신의 정체성, 친구 관계, 가족 관계를 유지하도록 돕는다. '더 웨이백'은 치매 환자들을 위해 1953년 6월에 있었던 영국 엘리자베스 2세 여왕의 대관식도 재현했다. 시간여행이 가능한 가상현실을 통해 머릿속 깊숙한 곳의 기억을 떠올리게 하는 것이다.

치매 연구용 스마트폰 모바일 게임 '씨 히어로 퀘스트(Sea Hero Quest)'는 퍼즐 어드벤처 게임으로 치매를 검사하는 데에 활용된다. 플레이어

메타버스 비긴즈 : 인간×공간×시간의 혁명

◆ 더 웨이백(The Wayback)의 대관식 재현 장면

출처: The Wayback VR

는 가상 보트를 조종해 체크포인트까지 이동한다. 게임 시작 때 체크포인트가 그려진 지도가 등장하지만, 플레이할 때에는 지도가 사라지기 때문에 플레이어는 자신의 기억력과 공간지각능력에 의존해 항해해야 한다. 이미 430만 명 이상이 이 게임을 즐기고 있다. 이 게임은 "치매에 걸린 사람들이 어떻게 공간을 탐색하는가"를 연구할 수 있도록 설계되었다. 게임 플레이 데이터를 분석해 치매를 검사하는 데에 활용할 수 있다.

영국의 치매 연구 자선단체에서는 '치매를 통한 산책(A Walk Through Dementia)' 프로그램을 가상현실로 제작했다. 치매 환자의 일상을 가상현실로 체험할 수 있게 한 것이다. 이를 통해 치매 환자의 어려움을 1인칭 시점에서 직접 느낄 수 있다.

국내의 VR게임 개발사인 미라지소프트의 '리얼VR피싱'은 가상에서 물고기를 잡는 낚시게임으로 유명하다. 낚시뿐만 아니라 자연을 감상하며 이야기를 하고 휴식을 취할 수도 있다. '리얼VR피싱'은 가상현실(VR)

◆ 치매 분석 게임, '씨 히어로 퀘스트' 및 '치매를 통한 산책'

출처: 씨 히어로 퀘스트(Sea Hero Quest) VR, www.awalkthroughdementia.org

기기 제조사 '오큘러스(Oculus)'가 선정한 '2019년 최고의 스포츠 및 피트니스 게임'으로 뽑혔으며, 오큘러스 스토어 최다 판매 가상현실(VR) 게임 순위권에서 한국 게임으로는 유일하게 이름을 올리고 있다. 이 가상의 낚시터에서 물고기를 가장 많이 잡은 사람은 누구일까? 1위는 영국에서 치매를 앓고 있던 고령의 할아버지다. 그는 SNS 커뮤니티에 "배우자를 잃은 상처와 슬픔으로 하루하루 힘들게 지내다 아들이 사준 가상현실 기기에서 다른 이용자들과 만나 대화도 나누고, 난생처음 낚시라는 스포츠에 빠져 살면서 삶의 의미를 다시 찾았다."라는 내용의 글을 게시했다.

'리얼VR피싱'은 가상 낚시를 오로지 게임으로만 접근하지 않았다. 사람들이 함께 색다른 경험을 즐기고 공유하며 힐링할 수 있는 요소를 반영한 것이다. '리얼VR피싱'은 한국이 자랑하는 전국 팔도 호수를 선정해 배경으로 담았으며, 이용자의 99%는 외국인으로서 한국 관광을 유도

◆ 리얼VR피싱

출처: MirageSoft

하는 부가적인 효과도 거두고 있다. 이용자 대부분이 낚시를 즐기는 사람이라고 생각하기 쉬운데, 실제로는 대부분이 낚시 초보자이거나 낚시를 해본 적이 없는 사람이다. 가상으로 낚시의 경험을 더 많은 사람에게 알린 것이다.

공감과 참여의 시대를 여는 메타버스

메타버스를 통해 사회 구성원들에게 그 사회의 문제를 알리고, 공감하게 하고, 참여하게 할 수 있다. 유니세프는 가상현실을 활용해 시리아 난민에 대한 인식 개선 캠페인을 추진했다. 현지에 직접 가지 못하더라도 난민의 어려움을 체험해보는 것이 인식 개선의 방법으로 최선이라는 취지였다. 국내에서 1년 가까운 시간 동안 캠페인을 한 결과, 가상현실을 경험한 이들이 그러지 않은 경우보다 80% 더 높은 후원 참여를 보였다.

출처: 국제적십자위원회(ICRC)

국제적십자위원회(ICRC)와 구글 등이 공동으로 제작한 '올바른 선택 (The Right Choice)'은 어떤 선택을 하더라도 비극적 결말을 맞는 전쟁의 실상을 가상으로 체험할 수 있게 했다. 사회적기업 '코너스톤 파트너십 (Cornerstone partnership)'은 사회복지사가 아동의 관점에서 학대와 방임 등을 경험할 수 있는 프로그램을 만들었다. 아동이 경험할 수 있는 방치, 가정폭력 등 12가지 사건을 가상으로 구현했다. 아이의 관점에서 무시, 폭력, 학대를 경험할 수 있는 것이다. 이를 통해 아이들을 이해하고 공감할 수 있도록 하려는 것이다. 덴마크는 청소년들의 음주 문제를 해결하기 위해 가상현실을 활용할 계획이며,[13] 미국에서는 알코올 중독자에게 가상현실을 활용한 치료를 하고 있다.

국제적십자위원회는 에픽게임즈(Epic Games)의 게임이자 가상현실 세계인 포트나이트(fortnite)와 협력하여 '라이프런(liferun)' 모드를 발표했다. 슈팅 게임 안에서 인명 치료와 국제 원조가 미션인 게임 옵션이 등장한 것이다. "생명을 구하라, 포트나이트를 이겨라"는 기치의 '라이프런' 모드에서는 포트나이트에서 주로 펼쳐지던 전투는 없다. 대신에 플레이어는 민간인 구조, 치료, 인프라 재건, 지뢰 제거, 신속한 원조 분배 등 국제적십자위원회의 네 가지 핵심 활동을 수행한다. '라이프런'의 개발 목적은 현재에도 계속되고 있는 분쟁의 참상에 대한 인식을 높이고, 80개국에서 수행 중인 국제적십자위원회의 인도주의 활동을 알리기 위해서다. 위원회의 책임자 레너드 블레이즈비(Leonard Blazeby)는 "우리는 사람들이 분쟁으로 고통받고 있다는 사실을 영리하고 매력적인 방법으로 전하기 위해 노력하고 있으며, '라이프런' 아이디어라는 혁신적인 방법을 통해 국제적십자위원회가 누구이며, 무엇을 하는 단체인지 알게 해주는 것"이라고 말했다.

이처럼 메타버스의 혁신은 산업에 그치지 않는다. 서로를 이해하고 공감하게 만들며, 참여를 통해 사회의 다양한 문제를 해결할 수 있게 지원한다. 메타버스는 사회혁신의 동력인 것이다.

메타버스와 공공 혁신

공공서비스의 메타버스 전환

　공공서비스도 메타버스를 활용해 혁신할 수 있다. 정부는 국방, 치안, 재난 등 다양한 공공서비스를 제공한다. 공공부문은 초기 혁신을 견인하는 중요한 역할을 하기도 한다. 과거 인터넷 혁명의 시작은 국방에서 시작된 것처럼 말이다. 미국은 인터넷 시대처럼 메타버스 혁명의 시대에서도 국방 분야를 혁신의 초석으로 삼고 있다. 강한 국방 체계를 갖추면서 이를 위해 개발된 혁신을 산업과 연계시키는 방식이다.

　2021년 3월 마이크로소프트(MS)가 미국 국방부와 12만 개 규모의 증강현실(AR) 기기인 '홀로렌즈(HoloLens)' 헤드셋을 납품하는 계약을 맺

◆ 통합 비주얼 증강 시스템의 주요 기능

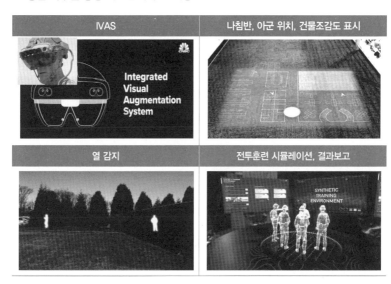

출처: CNBC(2019, 4, 3,), "How the Army plans to use MS's high-tech HoloLens goggles on the battlefield"

었다. 10년간 219억 달러(약 25조 원) 규모의 초대형 계약이다. 이 계약이 처음은 아니다. 앞서 MS는 2016년 통합 비주얼 증강 시스템(IVAS, Integrated Visual Augmentation system)을 개발했으며, 2018년 미 육군에 이 방식을 적용한 헤드셋 시제품을 4억 8,000만 달러에 제공했다. MS 홀로렌즈에 군용 특수 버전의 비주얼 증강 시스템(IVAS)를 호출하면 아군위치, 나침반, 건물조감도, 열 감지, 전투 훈련 시뮬레이션 및 결과보고 등 다양한 기능을 활용할 수 있다.

뉴욕 경찰은 테러 등 다양한 위험 상황에 대처하기 위해 가상현실을 활용하고 있다.[1] 뉴욕 경찰은 이를 활용해 실제 발생하는 다양한 위

◆ 가상현실을 활용한 뉴욕 경찰의 훈련 모습

출처: ABC7NY(2019.4.25.), "NYPD using VR to train for active shootings and real-life scenarios"

◆ 버트라(VirTra)의 경찰 및 군인 가상훈련 시스템

출처: www.virtra.com

험 상황을 가상으로 구현하여 대처하는 훈련을 실행하고 있다. 감독관
은 시뮬레이션을 통해 훈련 중인 경찰관을 모니터링하고 훈련 진행 도
중에 실시간으로 조명이나 인질 행동 등의 돌발 상황을 조작할 수 있
어 현장감 있는 훈련이 가능하다. 테러 대책 담당관 존 쇼프만(John
Schoppmann)은 "훨씬 짧은 시간에 더 많은 시나리오를 얻을 수 있습니
다. 정말 몰입하게 됩니다. 가슴이 두근거리고 아주 현실적입니다."라고

◆ 가상체험 CSI(VR Experience for CSI)

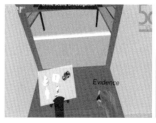

출처: VR Experience for CSI 유튜브

언급했다.

버트라(VirTra)에서 개발한 가상 경찰훈련 시스템은 실제 사건의 데이터를 활용해 생성한 시나리오를 기반으로 벽 전면에 프로젝터로 영상을 출력하는데, 이를 통해 모의상황 대응훈련이 가능하다. 이 훈련 시스템은 군용으로도 활용되고 있다.

IT Corner에서 개발한 가상체험 CSI(VR Experience for CSI)는 경찰의 업무를 가상현실로 재현한 것으로 신고 접수, 준비물을 갖춘 출동 과정, 사실적인 시신의 묘사와 촬영을 통한 현장 정보 수집 등이 구현되어 있다. 사용자는 촬영을 통해 수집된 정보를 언제든 열람할 수 있으며, 직접 현장에 접근금지 테이프를 두르고 증거 번호판을 세우는 등의 체험이 가능하다.[2]

일본 KDDI는 JR(Japan Railway)과 함께 쓰나미, 지진 등 자연재난 발생 시에 기차 운전사의 판단력을 높이는 가상현실 재난대책 훈련 솔루션을 개발했다.[3] 재난 발생 시 운전사가 어떤 행동을 선택해야 승객을 안

출처: www.news.kddi.com, "JR西日本における「VR (仮想現実)」による災害対策ツールの概要について"

전하게 대피시킬 수 있는가를 훈련하는 내용으로 구성되어 있다. 쓰나미 피난 응용 프로그램을 가상현실(VR) 화면에 표시함으로써 기차가 정지하는 지점에서 가장 가까운 출구와 피난 장소 확인이 가능하다.

호주는 2019~2020년 기간 중 수십 년간 경험하지 못한 최악의 산불로 인해 극심한 피해가 발생했다. 230만 헥타르(70억 평) 이상이 불에 탔고, 50억 마리의 동물이 피해를 입었다. 이러한 재난에 대응하기 위해 호주 정부는 메타버스를 활용하고 있다. 호주에 본사를 두고 있는 플레임 시스템(FLAIM Systems)은 소방관들을 위한 가상훈련 시뮬레이터를 개발했다. 소방관들은 현실에서 재현하기에는 너무나 위험한 상황을 가상 속에 진짜처럼 구현한 상황에 몰입한다. 플레임 시스템 CEO인 제임스 멀린스는 "가상훈련의 핵심은, 소방관들을 가상 속에서 현실에서와 같은 위험 상황에 놓이게 하고, 그 속에서 실수를 거듭하며 의사결정을 내리는 훈련을 하는 것"이라고 언급했다. 플레임 시스템은 주택 화재, 항공기 화재 또는 산불과 같은 다양한 가상현실 시나리오에서 연기와 불,

◆ 플레임 시스템(FLAIM Systems)의 가상소방 훈련

출처: FLAIM Systems

물 그리고 소화기의 거품들을 현실처럼 재생한다. 실제 화염도 연출한다. 소프트웨어가 시나리오별로 화재원과의 거리와 방향에 따라 소방관에게 미치는 영향을 계산해 온도까지 설정하므로 가상훈련을 받는 소방관들은 실제로 방열복을 착용한다. 가상현실에서 섭씨 100도까지 온도를 높일 수 있으며, 소방관을 보호하기 위해 시간은 짧게 제한하고 있다. 또한, 소방호스로 물을 쏠 때 느껴지는 압력도 재현하며, 그런 상황 속에서 소방관의 심장 박동과 호흡수도 계속 측정한다.

플레임 시스템은 호주 빅토리아의 디킨대학교(Deakin University)가 2017년에 설립한 회사로 현재 호주, 영국, 네덜란드 등 전 세계 16개국에 가상소방 훈련을 수출하고 있다. 가상소방 훈련 방식은 자원을 절약하고 환경오염 문제를 해소하는 데에도 유용하다. 전통적인 훈련 방식은 연기와 오염물질이 방출되어 환경에 악영향을 미치고, 또 실제 훈련과정에서 많은 양의 물을 사용하는데 반하여, 가상으로 소방훈련을 하면 실제 물을 사용할 필요가 전혀 없다. 실제 소화기에서 나오는 거품도 주변

출처: www.firerescue1.com

토양과 물을 오염시켜 환경에 나쁜 영향을 미치지만, 가상을 활용하면 이 문제도 해소된다.

미국 캘리포니아의 코슘즈 소방서(Cosumnes Fire Department)도 가상 현실 기업 RiVR과 협력해 소방교육 훈련 시스템을 만들었다. 베테랑 소방관 라이더는 "가상 시나리오가 너무나 실제적이어서 강력한 인상을 받았다. 가상 속의 화재 발원지를 확인하고, 불길이 급속히 퍼져나가는 상황 속에서 심박 수가 실제로 올라가는 것을 느낄 수 있었다."고 언급했다.

메타버스 국가를 구상하는 나라들

    싱가포르는 2018년부터 약 3년에 걸쳐 국토 전체를 가상세계로 구현하는 '가상 싱가포르(Virtual Singapore)'를 추진하여 완료했다. 가상 싱가포르는 모든 건물과 도로, 구조물, 인구, 날씨 등 실제 도시를 구성하는 각종 유무형의 데이터를 가상으로 구현한 도시이다. 가상 싱가포르는 3D 지도와는 차원이 다른 정교함이 있다. 공공기관, 사물 인터넷 기기 등에서 수집한 데이터를 바탕으로 건물 이름, 크기, 특징 등의 정보,

◆ 가상 싱가포르 프로젝트 추진과정 및 효과

1		
건물 · 지형 파악	**빌딩 옥상**	• 전면에 설치된 태양광 발전판에서 생산하는 전력량을 확인할 수 있음
인공위성 등을 활용해 입체 지도 구현		

2		
시각화	**인구 흐름**	• 주요 건물 및 지하철역의 시간대별 인구 흐름을 파악해 혼잡 정도를 플랫폼에서 구현
설계도는 물론이고 드론으로 건물 외곽을 촬영해 반영		

3		
데이터 입력	**빌딩 지하**	• 눈에 보이지 않는 지하 시설의 구조도 클릭하면 확인 가능
건물 · 도로 등 각 좌표에 건물 높이, 인구 밀집도, 차량 등록 대수 등 각종 데이터를 입력	**대피 시뮬레이션**	• 스마트폰 신호를 바탕으로 사람들의 흐름과 주요 건물 출입구를 파악해 대피 시뮬레이션을 할 수 있음

4		
시뮬레이션	**열섬 현상**	• 도시 곳곳에 설치한 온도 센서에서 수집한 데이터를 바탕으로 열의 흐름을 파악해 열섬 현상 분석
가상 바람의 도심 흐름이나 교통 체증 예측과 같은 다양한 실험이 가능		

출처: 다쏘시스템

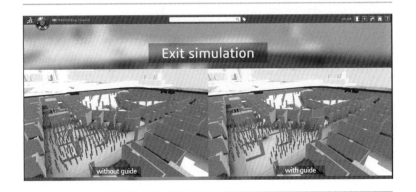

출처: Virtual Singapore

주차 공간과 도로, 가로수, 날씨 변화 등 도시 계획에 필요한 데이터를 언제든 실시간으로 파악할 수 있게 설계되어 있다.

가상 싱가포르 프로젝트는 현재 싱가포르 발전을 위한 각종 시뮬레이션, 연구·개발, 계획수립, 의사결정 같은 도시 운용 과정 전반에서 폭넓게 활용되고 있다. 기업, 정부가 건물이나 공원 건설 등의 프로젝트를 계획할 경우, '가상 싱가포르' 플랫폼을 이용하여 주변 경관과의 조화, 교통에 미치는 영향, 일조권 침해 여부 등의 사전 조사 요소를 빠르게 파악할 수 있다. 만일 어떤 신규 프로젝트가 차량의 흐름, 통행 불편 등을 유발하는 결과가 나오면, 이를 최소화하기 위한 추가 시뮬레이션을 진행하거나, 설계를 변경하기 위한 여러 테스트를 큰 비용 들이지 않고도 수월하게 검토할 수 있다. 또 건물 내부에서 발생할 수 있는 상황을 테스트할 수도 있다. 긴급상황이 발생할 경우, 건물 내의 안내원 유무가 시민들

출처: Virtual Singapore

의 대피 시간에 얼마나 영향을 끼치는지에 대한 시뮬레이션 과정을 시각화 영상으로 제공할 수도 있다.

가상 싱가포르 플랫폼으로 싱가포르 가상 도시를 1인칭 시점에서 체험할 수 있고, 날씨 변화에 따른 테스트도 가능하며, 재난대처에도 활용할 수 있다. 조건 검색만으로 특정 지역의 일사량과 건물 면적, 옥상 온도 변화 데이터 등을 파악할 수 있고, 이를 통해 태양광 패널을 설치하기에 적합한 장소도 물색할 수 있다. 화재나 유독가스 누출 사고가 발생할 경우, 유독물질이 퍼지는 방향과 시간을 계산해 가장 효과적인 시민 대피 경로를 계산하거나, 평균 강우량을 근거로 홍수 발생 가능성과 관련 피해를 예측해 미리 시설 보수에 나서는 시나리오도 가능하다.

영국도 도시 전체를 가상화하는 VU.CITY가 있다. 정부는 가상 도시를 만들어 도시 운영을 효율화하는 데에 활용할 수 있다. 건물을 세울 경우, 변경되는 도시의 스카이라인을 사전에 보여주어 도시 경관 변화

◆ VU.CITY

출처: https://vu.city/

◆ 가상 헬싱키(위) 및 칼라사마타(아래)

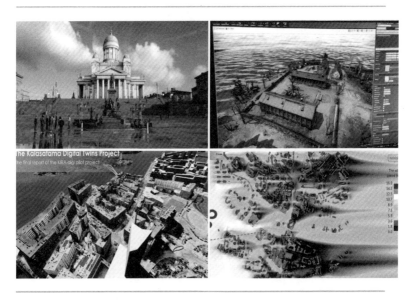

출처: ZOAN VR, https://www.hel.f

를 시민들이 체감할 수 있도록 했으며, 이제는 눈, 교통, 날씨, 뉴스, 환경 정보 등 실시간 데이터까지 연동하여 상호작용이 가능한 모델로 발전하고 있다.[4]

핀란드도 '가상 헬싱키(Virtual Helsinki)'를 추진하고 있다. 수도 헬싱키를 가상으로 구현하여 관광, 쇼핑, 훈련, 콘서트, 시뮬레이션 등 다양한 목적으로 활용한다는 계획이다. 또한, 핀란드는 낙후 지역인 칼라사마타(Kalasatama)를 가상화하여 도시 환경 전체를 설계, 테스트, 서비스하는 플랫폼으로 발전시키고 있다.

METAVERSE

5장

메타버스,
다크니스

BEGINS

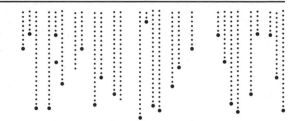

메타버스의 빛과 그림자

빛이 있으면 그림자가 있다. 그리고 빛이 강할수록 그림자도 짙다. 기술의 진화로 인해 혁신이 일어나지만, 예기치 못한 기술위험도 생겨난다. '기술위험'이란 기술로 인해 발생하는 사회적, 경제적, 문화적, 환경적 위험이다.[1] 노벨이 발명한 다이너마이트는 처음에는 광산에 유용하게 쓰이도록 제작되었으나 이후에는 원래 의도와 달리 전쟁에 사용되었다. 기술 혁신과 위험은 동전의 양면처럼 항상 서로를 동반하는 관계이며, 기술위험을 적절히 통제하지 못하면 기술 혁신은 목적한 만큼의 사회·경제적 효과를 달성하기 어렵다.[2]

메타버스도 마찬가지다. 메타버스는 산업과 사회에 혁명적 변화를 일으키는 동력이지만, 혁신만큼이나 그림자도 짙을 수 있어 이에 대비해야

메타버스 비긴즈 : 인간×공간x시간의 혁명

한다. 메타버스는 복합 범용기술인 XR+D.N.A로 구현된다. 즉 가상융합기술(XR, eXtended Reality)+데이터 기술(D, Data Technology)×네트워크(N, Network) 기술×인공지능(A, Artificial Intelligence) 기술 등의 결합이 혁신을 만들어 내지만, 각각의 범용기술이 가진 부작용과 위험 역시 그러한 결합으로 증폭될 수 있다. 인터넷 혁명의 시기에도 마찬가지였다. 인터넷으로 혁신이 유발되었지만, 사이버 범죄, 인터넷 중독, 불법 콘텐츠 등 다양한 문제가 생겨났고, 여전히 계속되고 있다. 메타버스 혁명의 시대에는 인터넷 시대보다 위험의 범위와 강도가 커질 것이다. 메타버스 시대에 대비해야 할 위험들을 살펴보자.

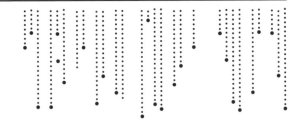

메타버스 시대의 사회·윤리적 문제

메타버스와 안전 이슈

미국의 퍼듀대학교는 2017년 〈포켓몬고로 인한 죽음(Death by Poke'mon Go)〉이라는 제목의 보고서에서 포켓몬고로 인해 교통사고 부상자와 사망자가 급격히 증가했다고 발표했다. 연구진들은 2015년 3월부터 2016년 11월까지 인디애나주에서 발생한 1만2,000여 건의 교통사고 데이터를 분석했다. 그 결과 포켓몬고가 출시된 2016년 7월 이후 교통사고가 급격히 증가했으며, 특히 포켓몬고 게임 진행을 위해 필요한 포켓볼 등의 자원을 얻을 수 있는 지역인 '포켓스탑' 100m 이내 구역에서는 교통사고가 26.5% 증가했다. 사고 원인 중에는 운전자의 산만한 운전이 지목되었다. 연구진은 포켓몬고 출시 후 148일간의 사회·경제적 피해비용이 20~73억 달러(약 2~7.8조 원)에 달한다고 밝혔다. 가상과 현실의 융합 속에 즐거움이 있지만, 그로 인한 부작용도 함께 나타난 것이다. 이후 포켓몬고를 제작한 나이언틱(Niantic, Inc.)은 걷는 속도보다 빠르게 움직이면 운전 중에 포켓몬고를 하지 말라는 경고 메시지 팝업과 함께 시속 30마일이 넘으면 포켓몬스터가 등장하지 않게 하는 등 다양한 대응책을 마련하기도 했다.

증강현실로 인한 법적 분쟁도 발생했다. 캘리포니아주에서는 12명의 주민이 포켓몬고로 인해 사유지 무단 침입이 발생했다며 나이언틱에 손해배상을 요구하는 집단 소송을 제기했다. 소송은 2016년 8월에 시작되어 2019년 9월에야 1인당 1천 달러 배상이라는 당사자 간 합의로 종결되었다.

2017년 밀워키 주정부는 증강현실 게임이 사회적 문제를 일으킨다고 판단해 개발 기업에 사회적 비용을 부담시키는 조례를 제정했다. 포켓몬고 게임이 출시된 이후 밀워키 카운티 공원이 훼손되고 쓰레기가 늘어나면서 공원에 경찰이 상주하는 등 관리 비용이 증가한 것이다. 연방법원이 해당 규제가 표현의 자유를 제약할 수 있다고 판결하여 조례는 실행되지 못했으나 증강현실로 인한 사고위험으로 규제가 필요하다는 주장은 계속되고 있다.

2021년 들어 증강현실(AR) 안경(Glass)에 대한 관심이 매우 높아졌다. 페이스북, 애플, 삼성 등 주요 IT 대기업들이 앞다퉈 투자하고 출시를 서두르고 있기 때문이다. 지금의 완성도와는 차이가 있지만, 구글은 이미

◆ 구글 글래스 착용 혐의의 범칙금 고지서(좌) 및 두바이 경찰의 구글 글래스 도입 논의

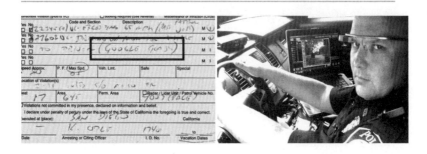

출처 : www.etnews.com, Coptrax

지난 2013년에 '구글 글래스'를 만들어 출시했다. 당시 구글 글래스를 끼고 운전하다가 교통법규 위반으로 적발된 사례가 미국에서 처음 발생했다. 캘리포니아주에 거주하는 한 여성이 운전 중 구글 글래스를 착용했다가 교통법규 위반과 함께 경찰관에게 적발된 것이다. 당시 경찰관은 여성 운전자의 과속 운전과 구글 글래스 착용 2건을 법규 위반으로 보고 고지서를 발부했다. 재판까지 진행된 결과는 무죄판결로 나왔지만, 운전 중 구글 글래스 착용이 합법인지에 대한 판단은 내려지지 않았다.

영국에서도 교통부가 운전 중 구글 글래스 착용을 금지하는 내용의 입법을 추진한 적이 있다. 당시 증강현실 안경 수요가 폭발적으로 증가했다면 엄청난 후폭풍이 일어났을 것이다. 가까운 시기에 과거의 불씨가 다시 살아날 가능성이 있다.

미국에서는 구글 글래스를 착용한 운전자가 교통법규 위반으로 적발되었으나 2014년 두바이 경찰은 교통법규 위반 단속에 구글 글래스를

도입하려 했다. 두바이 경찰 당국은 구글 글래스로 교통법규 위반 차량의 사진을 찍어 데이터베이스에 올릴 수 있는 앱과 차량 번호판을 인식해 수배 중인 차량을 가려내는 앱을 자체 개발했다. 미국 뉴욕 경찰도 구글 글래스 도입을 테스트한 적이 있다. 향후, 메타버스 안에서의 사생활 보호, 안전성을 둘러싼 많은 윤리적 도전이 과제로 제기되고 보다 광범위한 해결책도 요구될 것이다.

메타버스에서의 불법행위

"지난주 저는 가상현실에서 성추행을 당했습니다." 2016년 10월, 충격적인 문장으로 시작되는 한 블로그의 글이 미국 사회를 강타했다. 조던 벨라마이어란 필명의 한 여성이 블로그에 쓴 글이 온라인에서 빠르게 공유되며 파장을 일으켰다. 벨라마이어가 처음으로 '퀴브이알(QuiVR)'이란 가상현실 게임을 체험하면서 사건이 벌어졌다. 벨라마이어는 가상현실이 선사하는 엄청난 몰입감에 전율했다. 활을 쏴 좀비를 쓰러뜨리는 이 게임에서 그는 아주 높은 곳에서 공포를 느끼기도 했고, 이 공포를 극복했을 때에는 마치 신이 된 듯한 희열을 느꼈다고 언급했다.

하지만 온라인에 접속한 다른 사용자와 함께 즐기는 '멀티 플레이어' 모드를 시작한 뒤 사건이 발생했다. 동료로 등장한 'BigBro442'란 아이디를 쓰는 한 사용자가 갑자기 벨라마이어의 가슴 부위를 주무르는 아바타 성추행을 했기 때문이다. 벨라마이어는 시엔엔머니(CNNMoney)와의 인터뷰에서 "예전에 실제로 성추행을 당한 적이 있는데, 그때의 쇼크와 크게 다르지 않았다."고 언급했다.[3] 이 이슈는 공론화되었고 열띤 토론으로 이어졌다. 후에 퀴브이알의 개발자인 헨리 잭슨과 조너선 셍커는 기술적인 해법을 제시했다. "만약 그녀가 손가락을 이용해서 가볍게 치는 것만으로도 마치 개미를 날리듯 그 나쁜 플레이어를 날려버릴 수 있었다면 어떨까?"라는 생각을 했고, 이를 퍼스널 버블(Personal Bubble)이라는 기능으로 구현하여 추가했다. 퍼스널 버블이란 성추행 등으로 괴롭히는 상대를 튕겨내 버리는 기능이다.[4]

국내에서도 2021년 4월 언론을 통해 아바타 성희롱 문제가 보도되었다. 초등학생 정모(12)양은 메타버스 공간 제페토에서 아바타 성희롱을 당했다. 수영장으로 꾸며진 가상공간에 입장했는데, 여기서 만난 남성 아바타가 성희롱을 했고, 당황한 정양은 나가기 버튼을 눌러 상황을 모면했다. 부모에게도 이 내용을 말하지 못했다. 정양은 "안 그래도 제페토에 시간과 돈을 많이 쓴다고 걱정하는 부모님에게 이런 얘기를 하고 싶지 않았다."고 언급했다. 초등학생 A(11)양도 2020년 9월 제페토에서 아바타 스토킹과 아바타 몰카를 당했다. A양은 "한 아바타가 나를 계속 따라다녀, 다른 가상공간인 공원으로 이동했는데도 계속 따라다녀 소름이 돋았다."며 "상대가 계속 따라다니면서, 자기 셀카에 내 아바타를 함께 담으려고 했다."고 언급했다.

한국지능정보사회진흥원이 2020년 초·중·고교생 4,958명을 대상으로 조사한 결과, 19.7%가 사이버폭력을 당했다고 답했으며, 피해 공간은 온라인 게임(45.2%), 가해 대상은 전혀 누군지 모르는 사람(45.8%)이 가장 많았다.[5] 현재 메타버스에서 가장 활발한 공간은 게임과 생활·소통 분야다. 그리고 여기에서 가장 많이 활동하는 사람들은 Z세대다. 이 점을 고려하면 매우 중요한 문제가 아닐 수 없다.

많은 기업이 메타버스에서 오감을 구현하기 위해 노력하고 있다. 메타버스 속 아바타에 대한 물리적 자극을 사용자에게 전달할 수 있는 슈트(suit)와 글러브(glove) 등 다양한 장비가 구현된다면, 이로 인해 더욱 큰 사회적 문제가 발생할 수 있다. 메타버스가 구현하는 엄청난 몰입감이 사람들에게 긍정적 영향을 미칠 수 있다면, 부작용 역시 진지하게 받아들여야 한다. 우리는 인터넷 혁명 시대에 기술과 규제의 정책 시차로 혼란을 겪었고, 이에 대처했던 경험이 있다. 예상치 못한 컴퓨터 범죄로 1995년 형법 개정을 통해 컴퓨터 등 정보처리장치를 이용한 사기죄와 업무방해죄 및 비밀침해죄 등이 신설되었고, 2001년에는 사이버 명예훼손죄가 신설되었다. 정책 시차를 줄이기 위한 다양한 노력이 필요한 것이다.

메타버스로 진화하는 성인물

폰허브(Pornhub)는 2007년 캐나다에서 개설된 세계 최대 규모의 포르노 사이트다. 2019년 전 세계 사이트 순위에서 8위를 기록할 만큼 엄청난 규모로 성장했으며, 사이트 방문자 수는 하루 평균 1억 2,000만 명, 월간 35억 명에 이른다. 1개월 누적 방문자 수는 세계 인구의 절반에

가깝다.[6]

　미국 NBC에 따르면 전 세계 포르노 산업의 시장규모는 2014년 970억 달러를 돌파한 후, 최근 2배 이상 증가한 것으로 추정되고 있다.[7] 인터넷은 전 산업에 혁신의 바람을 불러일으켰지만, 그만큼 포르노 사이트와 콘텐츠도 많아졌고, 확산도 빨라졌다. 이용자들의 83.7%가 모바일을 통해[8] 폰허브에 접속 중이며, PC의 비중은 16.3%이다. 포르노와 이용자를 연결하는 매체는 책에서 비디오로, PC를 거쳐 스마트폰으로 변화했다. 모바일 이후의 진화 방향은 어디일까? 바로 메타버스이며, 이미 변화의 징후가 나타나고 있다. 미국의 벤처캐피털 루프벤처스에 따르면 2025년 가상현실 포르노 시장은 14억 달러(약 1조 6,000억 원) 규모로 성장할 전망이다.

　2017년 폰허브에서 제공한 가상현실 성인물 시청자 수는 하루 평균 50만 명, 폰허브 상위 20개 검색어 중에서 '가상현실'은 전년 대비 14계단 상승해 16위를 차지했다. 변화가 감지되는 부분이다. 2018년 일본의 유료동영상 제작업체 DMM은 가상현실 성인물 판매로 매출액 40억 엔(약 410억 원)을 돌파했다. 사업 시작 후 2년 만의 성과다. 일본의 포르노 제작업체 소프트 온 디맨드(SOD)는 2017년 1월부터 전자상가 밀집 지역인 도쿄 아키하바라에서 가상현실 포르노 부스를 운영하고 있다.[9]

　미국의 포르노 콘텐츠 기업 노티 아메리카(Naughty America)는 2019년 1월 초 미국 라스베이거스에서 열린 세계 최대 전자박람회(CES) 2019 전시관에서 실제 가상현실 성인용 콘텐츠를 선보였다. 노티 아메리카는 2015년부터 가상현실 포르노 서비스를 시작했고,[10] 이후 18개월 동안

108개의 포르노를 만들었다. 노티 아메리카는 2016년 12월에만 2,000만 건 이상의 가상현실 포르노가 다운로드 되었고, 전체 수익은 40% 이상 증가했으며, 가상현실 매출은 433% 늘어났다고 발표했다. 노티 아메리카에 따르면 가상현실 포르노 고객들은 온라인 포르노 고객들보다 유료 콘텐츠 비용 지출에 더 적극적인 것으로 나타났다. 노티 아메리카 웹사이트에서 가상현실 장면 미리보기 페이지를 방문한 사용자들은 167명 중 1명꼴로 유료고객이 되었다. 일반 포르노는 1,500명 중 1명이다.[11] 메타버스가 만드는 초월적 경험이 유료고객 가입 비중을 높인 것이다. 2018년 기준 노티 아메리카가 확보 중인 가상현실 포르노 수는 400개가 넘는다.[12] 메타버스 확산이 본격화되면 포르노 관련 콘텐츠도 급증할 것이고, 어둠의 유통경로도 활성화될 것이다.

메타버스와 딥페이크

"여러분 개개인의 성적 판타지를 충족시키기 위해 최첨단 기술로 서비스를 제공합니다." 2018년 8월 노티 아메리카가 딥페이크(Deepfakes) 기술을 이용한 유료 서비스를 출시하며 내놓은 선전 문구다. 해당 서비스는 고객이 원하는 인물 이미지를 성인 영상물에 합성해주는 서비스다.[13] 성인물에 등장하는 배우를 자신이 원하는 사람으로 바꿔준다는 것이다.

딥페이크는 '딥러닝(Deep Learning)'과 '가짜(Fake)'를 합친 말이다. 대표적 인공지능 기술인 딥러닝(Deep Learning)을 이용해 원본 이미지나

동영상 위에 다른 영상을 중첩하거나 결합하여 원본과는 다른 가공 콘텐츠를 생성하는 기술이다.[14] 딥페이크라는 용어는 2017년 12월 미국의 커뮤니티 레딧(Reddit)의 이용자가 'deepfakes'라는 ID로 유명인의 얼굴을 성인물에 합성하여 동영상을 처음 유포시킨 데서 시작됐다.[15] 네덜란드 딥페이크 탐지 기술업체 딥트레이스가 2019년 발표한 자료에 따르면, 인터넷에 유포된 딥페이크 영상 중 96%가 음란물이다. 2019년 온라인에 유포된 딥페이크 영상은 8만 5,047건으로, 이후 6개월마다 2배씩 증가하고 있다.

딥페이크 기술을 악용해 가짜 성인물을 만들고, 금전을 요구하는 사례가 생기고 있다. 20대 여성 A씨는 2021년 1월 SNS를 하다가 섬뜩한 경험을 했다. SNS 메시지를 통해 낯선 이에게서 자신의 성관계 영상을 받은 것이다. 분명 직접 촬영한 영상도 아니었고 실제 있었던 일도 아니었지만, 영상 속 인물은 자신의 얼굴과 닮아 있었다. 기억에도 전혀 없고, 있을 수도 없는 일인데, 영상 속의 '나'는 진짜 나를 보듯 자연스러웠다.[16] 200만 원을 보내지 않으면 A씨의 얼굴을 합성한 딥페이크 음란물을 유포하겠다는 협박성 메시지를 받았고, A씨는 이 계정을 경찰에 신고했다. 국가정보원 국제범죄정보센터는 2021년 5월 국제범죄 위험 알리미에 A씨의 딥페이크 범죄 피해 사례를 알리며 위험을 경고했다.[17]

딥페이크를 이용하면, 사진 몇 장으로 진짜 같은 가짜 영상을 만들 수 있다. 센서티AI(Sensity AI)에 따르면, 딥페이크 영상의 90~95%가 동의를 받지 않은 포르노 영상이며, 그중에서 90%는 동의를 받지 않은 여성 포르노다.[18] 센서티AI는 텔레그램 기반의 '딥페이크봇(Deepfake bot)'

을 이용해 만든 세계 딥페이크 합성물의 63%는 가해자들이 실제 알고 지내온 여성을 합성한 것이라고 발표했다. 텔레그램 딥페이크봇이란 메신저인 텔레그램에 인물의 실존 이미지를 올리면 자동으로 다른 여성의 나체에 실존 인물의 얼굴을 합성해주는 이미지 자동 생성 알고리즘이다.

딥페이크를 사기 용도로 이용하는 사례도 있다. 음성 합성에 딥페이크 알고리즘이 적용되어 목소리를 조작하는 사기로 이용되는 것이다. 2019년 영국의 한 에너지 회사는 상사의 지시인 것처럼 꾸민 음성 딥페이크 기술에 속아 헝가리의 공급사에 20만 유로를 송금했다. 해당 회사 CEO는 당시 상황을 설명하며 "모회사에 있는 독일인 상사와 억양과 발음이 유사하여 통화 당시에는 전혀 의심하지 않았다."고 진술했다. 당시 사이버 보안 업체 시만텍(Symantec)은 비슷한 신종 사기 사건이 같은 시기에 세 건이나 발생했으며 손실액은 수백만 달러에 이른다고 언급했다.[19]

인터넷 시대에는 불가능했던 초현실적인 경험이 메타버스에서 가능해졌지만, 이렇듯 불법 콘텐츠와 사기 등 나쁜 영향을 미칠 수 있음에 유의해야 한다. 인공지능 기술 딥러닝의 발전과 함께 2017년에 등장한 딥페이크 초기에는 유명 연예인들과 정치인들을 대상으로 가짜 영상이 만들어졌다. 하지만 대상은 일반인으로 급속히 확대되고 있고, 가상융합기술(XR)과 연계되어 화면에서 공간으로 진화하고 있다. 인터넷 시대에는 성인물을 2D 화면으로 소비하는 구조였다면, 메타버스 시대에는 가상공간 안으로 들어가 1인칭 시점에서 자신이 원하는 콘텐츠를 만들고, 소비하는 것이다. 메타버스 확산과 함께, 딥페이크를 이용한 불법 콘텐츠와 사기 등의 위험은 가상공간 안에서 더욱 진화된 방식으로 생겨날 것이며, 이에 따른 기술적, 제도적 대응방안 모색이 필요하다.

메타버스와 프라이버시 이슈

인터넷 시대를 살아오면서 개인정보보호와 사생활 침해 등의 프라이버시 문제가 계속 생겨나고 있다. 많은 개인정보 유출 사고가 있었지만, 페이스북만 간단히 살펴보자. 2018년 6월 정치 컨설팅기업 케임브리지 애널리티카(CA)를 통해 페이스북 8,700만 명의 개인정보가 유출되었다. 이 정보는 2016년 미국 대선 당시 도널드 트럼프 대통령 후보 캠프의 선거운동에 활용돼 큰 충격을 줬다. 2019년 4월엔 5억 4,000만 명의 페이스북 개인정보가 아마존 클라우드 서버에 노출됐고, 같은 해 12월엔 2억 명이 넘는 이용자의 개인정보가 해킹 커뮤니티에 유출되었다. 2021년 4월에는 해킹 커뮤니티에 페이스북 이용자 5억 3,300만 명의 개인정보가 공짜로 공개되었다. 총 106개 국가에서 정보가 유출됐고, 미국에서 3,200만 명, 영국에서 1,100만 명으로 피해가 가장 컸다. 한국 이용자의 피해는 12만 1,000여 명이었다. 유출된 정보에는 전화번호, 이름, 거주지, 이메일 주소 등 신원을 특정할 수 있는 내용이 다수 포함됐다.[20] 그야말로 문제의 연속이다.

메타버스 시대에는 이런 문제가 더욱 커질 것으로 전망된다. 우리는 향후 메타버스에서 다양한 혁신 기기와 서비스를 이용해 가상과 현실을 오가며 오감을 통해 상호작용하고 새로운 경험을 하게 될 것이다. 이를 데이터 프라이버시(Privacy) 측면에서 해석해보면, 메타버스에서 수집되는 데이터의 규모는 인터넷 시대보다 방대해지고, 범위가 넓어지고 매우 민감한 데이터까지도 포함한다는 것이다. 메타버스 안에서 사용자가 어느 곳을 쳐다보는지, 어떤 행동을 하는지, 심장박동은 어떠한지 등의 생체 관련 데이터까지 수집할 수 있다. 오감을 전달하고 상호작용을 지원하는 다양한 혁신 기기와 서비스를 통해 수집되는 데이터는 그야말로 어마어마하다. 기존의 인터넷 웹사이트에서 수집 가능한 데이터의 범위와 규모, 민감도와 비교하면 차이가 매우 크다.

스탠퍼드대학교 가상인간 상호작용 연구실(Virtual Human Interaction Lab)에 따르면, 단 20분간의 가상현실 체험에서 사용자로부터 200만 개의 데이터 포인트(Data points)가 수집되었다.[21] 미국 소비자기술협회 (CTA, Consumer Technology Association)가 온라인 소비자를 대상으로 한 증강현실 설문 조사에 따르면, 전체 소비자 중 42%의 소비자들이 증강현실의 한계점으로 데이터 프라이버시를 꼽았다. 증강현실을 이용한 경험은 소비자 개개인의 집안 환경이나 외모 등이 노출돼야 가능하기 때문이다. 스탠퍼드대학이 500명 이상의 참가자를 대상으로 가상현실 시청 연구를 진행한 결과, 가상현실 기기는 5분 이하의 신체 움직임 데이터로 사용자를 95%나 식별해냈다.[22] 진화된 메타버스 기기를 활용하면, 눈과 얼굴의 움직임, 동공의 지름, 피부 반응을 파악하는 것도 가능해질 것이다.

메타버스에서 사용자는 자신의 아바타를 통해 자신을 표현한다. 초현실적으로 표현할 수도 있고, 매우 사실적으로 표현할 수도 있다. 그 안에서 성별, 인종 등 다양한 요소가 공개될 수 있다. 초현실적인 아바타 자체가 개인을 표현하는 개인정보가 될 수도 있다. 디지털 사진과 같은 2차원 이미지와 달리 메타버스에서 구현된 3차원 환경과 그 안에서 표현되는 아바타의 신체, 외모, 말과 행동 등이 모두 데이터로 기록될 수 있다. 이러한 관찰 가능한 데이터는 특정 개인을 가장하는 데에 사용될 위험이 있다. 예를 들어, 악의를 가진 사람이 다른 개인의 아바타를 가장하여 불법행위를 저지를 수도 있다. 이로 인해 개인은 평판 또는 정신적 피해를 입을 수 있고 사기, 신원 도용 등에 따른 경제적 피해를 입을 수도 있다.[23]

디지털 저작권 단체인 EFF(Electronic Frontier Foundation)는 메타버스 시대의 개인 데이터, 특히 생체데이터의 유출 문제를 우려하고 있다. EFF는 우리의 눈은 우리가 보는 것만이 아니라 우리가 생각하고 느끼는 방식을 나타내며, 생체데이터는 신용카드나 암호와 달리 변경할 수도 없는 정보라는 점을 지적하고 있다. 일단 수집된 후에는 사용자가 데이터 공유 또는 유출로 인한 피해를 줄일 수 있는 일이 거의 없다는 것이다.[24] 또한, EFF는 증강현실 안경 사용자가 공공장소에서 단지 바라보는 것만으로도 같은 시간과 장소에 있는 타인의 프라이버시를 직접 침해하는 결과를 초래하는데, 증강현실 안경 개발 기업들은 이 문제에 대해 언급하지 않는다고 지적했다. 이에 대해 페이스북은 수집되는 데이터를 필터링하거나 인공지능의 도움을 받아 사후 차단하는 방법을 채택하겠다고 밝힌 바 있다. 향후 메타버스 데이터 프라이버시 이슈는 혁신과 규제의 사이에서 균형점을 찾기 위해 계속 논의될 것이다. 모든 데이터를 규제하면, 혁신은 사라지고 사용자는 초월적 경험을 하는 데에 어려움이 따르기 때문이다.

메타버스와 플랫폼 지배력

2018년 1월 〈월스트리트저널〉의 기사를 보면 다음과 같이 언급되어 있다. "오늘날 빅테크 기업의 시장 독점력은 심각하다. 구글은 미국에서 인터넷 검색의 89%를 차지하고 있다. 인터넷을 이용하는 미국 청년 세대의 95%가 페이스북을 쓴다. 아마존은 온라인 도서시장에서 75%를 지배한다. 독점이 아닌 경우엔, 2개 업체가 시장을 나누어 가진다. 구글과 페이스북은 온라인 광고 시장의 63%, 애플과 마이크로소프트(MS)는 데스크톱 컴퓨터 운영체제 중 95%를 공급하고 있다." 같은 해 2월에 〈뉴욕타임스〉는 "구글은 칭기즈칸, 공산주의, 에스페란토어가 모두 실패한 세계 지배에서 성공했다. 구글의 세계 온라인 검색 점유율은 87%다."라고 언급했다. 인터넷 시대에 가장 주목받는 기업은 플랫폼 기업이다. 플랫폼이 산업의 판도를 바꾸었고, 글로벌 기업의 순위도 바꾸었다. 플랫폼 경쟁력을 확보하면 시장에서 우월한 위치를 차지하여, 높은 수익을 창출하게 돼 있다. 하지만 플랫폼의 독점력에 대해서는 계속 문제가 제기되어 왔다. 우리가 알고 있는 플랫폼 강자들인 마이크로소프트, 구글, 애플이 이 문제에 계속 직면해왔다.

1998년 PC의 시대, 미국 정부는 마이크로소프트를 반독점 금지법 위반으로 제소했다. 미국 정부는 웹브라우저 시장에서 경쟁 제품을 차단하기 위해 MS가 PC 운영체제(OS) 윈도의 압도적 지배력을 이용했다고 주장했다. 마이크로소프트는 윈도에 자사 웹브라우저인 인터넷 익스플로러를 끼워 파는 방식으로 강력한 경쟁 상대였던 넷스케이프와의 격차를 벌렸다. 2000년에 1심 법원은 정부의 손을 들어주며 마이크로소프트를 두 개의 회사로 분할하도록 명령했다. 하지만 마이크로소프트는 항소에 나섰고, 2001년 부시 행정부가 들어선 뒤 정부와의 타협을 통해 회사 분할을 피했다. 법원은 2002년 MS에 공정한 경쟁을 보장할 조치를 명령하면서 소송이 종결됐다.

모바일의 시대의 선두주자는 단연 구글과 애플이다. 2020년 12월 미국 뉴욕주 등 38개 주는 연방법원에 구글을 상대로 반독점 소송을 제기했다. 구글은 바로 전날 텍사스주 등 미국 10개 주정부로부터도 같은 내용의 반독점 소송을 당했다. 정부는 연방법원에 제출한 64쪽짜리 소장에서 구글이 검색과 광고 시장에서 독점적 지배력을 유지할 목적으로 여러 행태의 불공정행위를 지속해왔다고 주장했다. 법원의 명령이 없으면 구글은 반경쟁 전략을 통해 경쟁 과정을 무력화하고 소비자의 선택을 줄이며 혁신을 막을 것이라고 설명했다. 구글이 여러 스마트폰 제조업체 및 이동통신사 등과의 배타적 계약을 통해 구글 앱들을 기본으로 탑재하도록 했다는 것이다. 소비자가 새로운 스마트폰을 구매하면 구글 검색창은 물론 지메일, 구글 지도 등 구글 앱이 기본으로 깔려 있어 다른 경쟁자의 진입을 막는다는 것이다. 또한, 구글이 미국 내 스마트폰 시장지배력 1위인 애플과 결탁해 아이폰에 구글 검색을 기본으로 탑재하여 경쟁 검색업체들의 진입을 가로막았다는 것이다. 구글은 애플 스마트폰에 검색창을 기본으로 설정한 대가로 2018년 90억 달러, 2019년에는 120억 달러를 지출했다. 이렇게 구글이 온라인 검색시장에서 불법적인 독점적 지위를 구축하여, 소비자와 광고주에게 손해를 끼쳤다는 것이다. 구글의 크롬 브라우저는 세계 시장의 70%를 차지하고 있으며, 모바일 검색 중 95%가 구글을 통해 이뤄진다. 구글은 막강한 검색엔진을 앞세워 세계 온라인 광고 시장 매출의 3분의 1을 점유하고 있다. 구글은 2020년 온라인 광고로 약 420억 달러(46조 1,500억 원)의 수익을 창출했다. 제프리 로젠 법무차관은 기자회견에서 "이 같은 행위를 저지하지 않으면 미국인들은 앞으로 시장에서 제2의 구글을 영원히 못 보게 될 것이다."라고 말했다.

그러면 메타버스 시대에는 어떠할까? 사이버 정책 저널의 편집장 에밀리 테일러는 2016년 12월에 기고한 칼럼에서 다음과 같이 썼다. "세계가 인터넷으로 이주하면서 국가가 아닌 기업들이 세상을 지배하게 됐다. 구글이 고대 로마제국보다 더 많은 나라를 식민지화했다. 세계 국가 중 95%에서 구글과 그 자회사의 유튜브가 가장 인기 있는 웹사이트다. 구글은 20여 년 만에 총 한 발 쏘지 않고, 고양이 비디오와 유튜브 스타 퓨디파이(PewDiePie)로 세계를 굴복시켰다."

메타버스 시대에 사람들은 지금 어디로 이주하고 있는가? 어디로 이주할 것인가? 웹사이트가 아닌 어떤 메타버스 공간으로 모이고 있는가? 지금 어떤 플랫폼에 사람들이 모이고 있는가? 메타버스 시대가 열리면서 플랫폼 경쟁은 새로운 국면을 맞이하게 될 것이다. 물론 기존의 플랫폼 강자들이 하루아침에 무너질 리 없고, 이들도 새로운 메타버스 시대를 준비할 것이다. 하지만 새로운 플랫폼 경쟁 구도가 형성될 것이고 패권경쟁이 시작될 것이다. 아니 이미 시작되었다. 이미 메타버스 플랫폼의 강자인 포트나이트와 애플이 소송 중이다. 문제는 포트나이트 개발사인 에픽게임즈가 애플 앱스토어를 우회하는 자체 결제 서비스를 2020년 8월에 출시하면서 시작되었다. 에픽게임즈가 자체 결제를 결정한 이유는 불공정한 앱 유통 구조의 정점에 애플 앱스토어가 있기 때문이다. 아이폰이나 아이패드에서 포트나이트 게임을 하기 위해서는 애플 앱스토어에서 앱을 다운로드 해야 하고, 게임 내 가상화폐인 V벅스(V-bucks)로 아이템 등을 구매해야 한다. 문제는 애플 앱스토어 내의 결제만 허용된다는 점이다. 애플은 인앱 결제에 대한 수수료를 30%나 부과하고 있다. 에픽게임즈의 자체 결제 서비스 출시에, 애플은 에픽게임즈가 자사의 정책을 위반했다며 에픽게임즈의 포트나이트 게임을 앱스토어에서 삭제하였다. 기존의 포트나이트 사용자는 게임 업데이트를 받을 수 없게 되고 신규 이용자도 앱을 다운로드 받을 수 없게 된 것이다. 이에 반발하여 에픽게임즈는 해시태그 '#FreeFortnite' 홍보 캠페인과 함께 IBM을 빅브라더스에 빗댄 그 유명한 애플의 '1984 매킨토시 광고'를 패러디하여 광고를 내보냈고, 애플을 고소했다.

에픽게임즈는 자신들의 스토어 수수료는 12%에 불과한데 애플의 인앱 결제 수수료는 30%로 과다하고, 애플의 비즈니스 모델은 반경쟁적이라며 비판했다. 그러자 애플도 맞소송으로 대응하고 있다. 에픽게임즈 CEO 스위니는 애플과 구글에 맞설 기업을 모으고 변호사 등 전문가도

◆ 애플의 1984 매킨토시 광고(상) 및 포트나이트의 애플 패러디 광고(하)

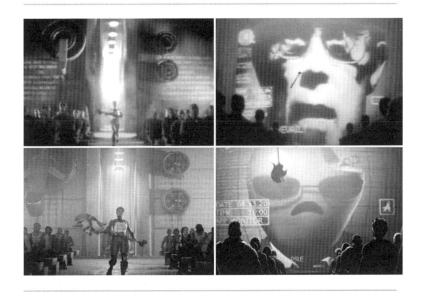

출처 : 유튜브

대거 고용했다. 에픽게임즈는 자유를 찾는다는 명분으로 이 작업을 '프로젝트 리버티'로 명명했다. 마이크로소프트, 페이스북, 스포티파이 등이 에픽게임즈를 지지하며 동참했다. 스위니는 지지하는 기업들에게 "곧 불꽃놀이를 즐길 수 있을 것"이라는 이메일을 보내고 소송을 제기했다.

과거에도 스위니는 거대 기업과 싸운 경험이 있다. 에픽게임즈는 포트나이트를 콘솔 플랫폼으로 확대하고자 했고, 이에 따라 마이크로소프트, 닌텐도, 소니 등 콘솔 게임기 제작사에 협업을 제안했다. 마이크로소프트와 닌텐도는 찬성했는데, 소니는 주저했다. 그러자 스위니는 플레이스테이션 이용자가 엑스박스 이용자와 포트나이트를 할 수 있도록 업데이트를 했다가 철회했다. 기대에 찼던 플레이스테이션 이용자들은 소니를 비난했고, 결국 소니는 2018년에 에픽게임즈와 협업하기로 했다.

인터넷 혁명 시대에는 플랫폼 강자들이 등장하며 시장을 주도했고, 독과점과 불공정행위에 대한 논란이 이어져 왔다. 이제 인터넷의 다음 버전인 메타버스의 시대에서도 새로운 플랫폼 강자가 등장했고, 계속 나타날 것이다. 이들 간의 플랫폼 패권경쟁과 플랫폼 지배력을 둘러싼 규제 이슈는 계속될 것이다.

메타버스는 산업과 사회를 혁신하지만, 예상치 못한 새로운 사회·윤리적 문제를 만들어 내기도 할 것이다. 메타버스 혁신만큼이나 메타버스 이면의 어두운 그림자도 무겁게 고민해야 한다. 이미 선례들이 존재하며, 메타버스의 가속화와 함께 생겨날 문제들에 대해서도 해결할 방안을 논의해 나가야 한다.

메타버스와 NFT 저작권 이슈

대체불가토큰, NFT(Non-Fungible Token)는 블록체인 암호화 기술을 활용해 JPG 파일이나 동영상 등 콘텐츠에 고유한 식별자를 부여하는 신종 디지털 자산이다. 디지털 파일의 소유권을 블록체인상에 저장하면 위조 및 변조가 불가능하다. 이에 따라 NFT로 디지털 작품이 진짜인지 가짜인지를 판단할 수 있어 디지털 예술품, 게임 아이템 등 다양한 거래 분야에서 활용도가 높아지고 있다. NFT 초기 모델은 2017년 크립토키

◆ Everydays–The First 5000 Days

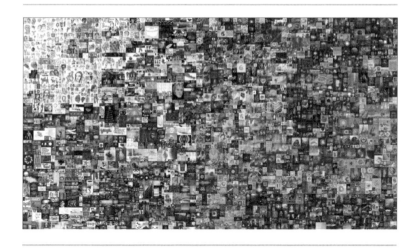

티(Cryptokitty) 게임에서 찾아볼 수 있다. 이 게임은 플레이어가 블록체인을 통해 한정판 고양이를 구매한 뒤 교배해 키우는 방식으로 진행된다. 암호화폐로 거래되는데, 아름답고 희귀한 종을 만들게 되면, 그 몸값이 천정부지로 오른다.

이처럼 메타버스에서는 수많은 가상자산들이 계속해서 생산될 것이므로 이 가상자산에 대한 소유권이 매우 중요한 이슈로 부각되고 있다. 이로 인해 메타버스와 NFT는 급속히 결합할 유인이 생긴다. NFT로 거래할 수 있는 가상자산은 그야말로 무궁무진하다. 미국 뉴욕 크리스티경매에서 NFT가 적용된 디지털 아티스트 비플(Beeple, 본명 마이크 윈켈만)의 작품 〈에브리데이즈 : 첫 5000일(Everydays-The First 5000 Days)〉는 6,930만 달러(약 785억 원)에 거래되며 모두를 놀라게 했다. 이 작품은

출처 : 크리스타 킴 캡처

비플이 2007년 5월부터 13년간 온라인에 업로드한 디지털 그림들을 콜라주한 작품이며, 비플은 이 작품으로 현존 작가 중에서는 제프 쿤스, 데이비드 호크니에 이어 세계에서 세 번째로 비싼 작가가 되었다.

바둑기사 이세돌 9단이 인공지능 '알파고'를 유일하게 꺾었던 대전을 담은 디지털 파일은 2억 5,000만 원에, 테슬라의 최고경영자 일론 머스크의 애인이자 가수인 그라임스의 그림은 NFT로 만들어져 약 65억 원에 낙찰됐다. 가상공간에만 존재하는 디지털 집도 NFT로 거래되고 있다. 한국계 아티스트인 크리스타 킴의 〈화성의 집(Mars House)〉은 약 5억 원에 판매됐다.

이제는 누구나 쉽게 자신의 저작물을 NFT로 만들고 판매할 수 있다. 카카오의 블록체인 기술 계열사 '그라운드X'는 자체 블록체인 플랫

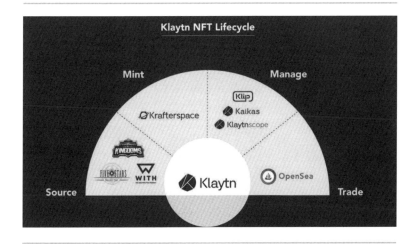

출처 : 그라운드X

폼 '클레이튼(Klaytn)'을 기반으로 NFT 발행 서비스 '크래프터스페이스 (KrafterSpace)'를 출시했다. 크래프터스페이스에서는 간단하게 파일을 업로드하는 것만으로 NFT를 만들 수 있다. NFT를 만들기 위해서는 작품(저작물), 코인, 코인 지갑이 필요하다. 저작물을 NFT로 만드는 것을 '민팅(minting)'이라고 하는데, 이때 '가스(gas)'라는 수수료가 필요하며, 이 수수료는 코인으로 지불된다. 이 과정에서 NFT를 판매하고자 하는 이용자는 마켓플레이스 사이트에 저작물을 업로드해야 한다.[25] 크래프 터스페이스는 웹 브라우저용 지갑 '카이카스(Kaikas)'와 연동하여 사용할 수 있으며, 사용자는 자신이 발행한 NFT를 세계 최대 NFT 거래소인 '오픈씨(Open Sea)'에서 조회, 판매 등록 및 거래할 수 있다.

크래프터스페이스외에도 NFT 제작을 지원하는 플랫폼은 다수 존

◆ 오픈씨(OpenSea)

재한다. NFT 마켓 플레이스는 오픈씨 외에도 민터블(Mintable), 니프티(Nifty), 게이트웨이(Gateway), 라리블(Rarible), 메이커스플레이스(Makersplace) 등이 있다. 현재 가장 큰 NFT 생태계를 가진 이더리움 블록체인은 오픈씨, 라리블, 민터블, 메이커스플레이스 등을 지원한다.

메타버스가 확산하면서 NFT의 저작권 문제가 이슈로 떠오르고 있다. 메타버스와 NFT가 전에 없던 새로운 혁신을 만들고 있으나, 이로 인해 파생되는 저작권 문제가 생겨난다. NFT는 누구나 마음대로 발행할 수 있지만, NFT를 발행한 사람에게 저작권이 있는지 확인할 방법이 없다.

경매 기획사 워너비인터내셔널은 김환기의 〈전면점화-무제〉와 박수근의 〈두 아이와 두 엄마〉, 이중섭의 〈황소〉를 NFT 경매로 출품하여, 22개국에서 동시에 온라인 경매를 진행한다고 발표했었다. 하지만 해당 작품의 저작권자들과 사전협의 없이 진행돼 논란이 발생했다. 워너비인터내셔널은 작품 소장자와 경매 협의를 했지만, 저작권과 소유권이 달라 논란이 생긴 것이다. 저작권자가 아닌 소장자는 작품을 NFT로 만들 수 없다. 결국 워너비인터내셔널과 작품 소장자가 저작권자에게 사과하며 논란은 수그러들었으나, 이와 같은 이슈는 앞으로도 계속 제기될 것이다.

NFT에 저작권 문제가 있는지 검증하기도 어려우며, NFT 자체가 메타 데이터로만 제공되므로 링크가 사라지거나 저작물이 사라지게 되면 제도적으로 보호받을 수 있는지도 이슈이다. 또한, 저작권 보호 기간이 종료된 저작물을 NFT로 만들어 판매하는 일도 생긴다. 따라서 메타버스 혁명으로 인해 생겨날 NFT 이슈에 대해 다각도로 논의하고 정책 대응방안을 모색할 필요가 있다.

METAVERSE

6장

메타버스,
트랜스포메이션
전략

BEGINS

메타버스,
인간×공간×시간의 혁명

한때 지구를 지배했던 공룡이 멸종한 이유는 소행성의 충돌 때문이라는 연구결과가 나왔다. 6,600만 년 전 멕시코 유카탄반도 부근 바다에 소행성이 떨어지며 지름 200㎞의 충돌구가 생겼고, 이로 인해 급격한 환경변화가 일어났다는 것이다.[1] 생태계에 거대한 혁명적 변화가 일어났고, 적응하지 못한 공룡은 멸종했다. 힘도 중요하지만, 적응력은 더 중요하다. 메타버스의 확산으로 디지털 우주가 급격히 팽창할 것이다. 수많은 가상의 행성들이 물리적인 지구와 한편으로 융합하고, 또 다른 면에서 충돌할 것이다. 메타버스 혁명에 적응해야 살아남을 수 있다.

이제 본격화될 새로운 혁명, 메타버스 시대를 준비해야 한다. 다양한 메타버스 플랫폼이 확산하면서 기술혁신이 지속되고 투자는 증가하고

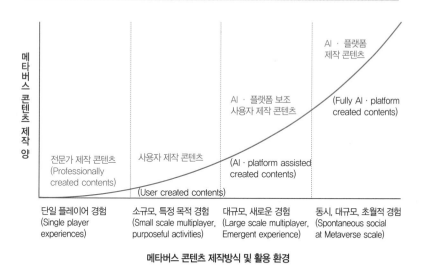

메타버스 콘텐츠 제작방식 및 활용 환경

출처 : Jonathan Lei, "Meet Me in the metaverse" 재구성

있다. 메타버스가 비상의 요건을 갖추었다는 것이다. 앞으로, 메타버스로 일어날 변화의 폭과 깊이가 매우 크고, 메타버스 안에서 보내는 시간이 증가할 것이다. 미래학자 로저 제임스 해밀턴(Roger James Hamilton)은 "2024년에 우리는 현재의 2D 인터넷 세상보다 3D 가상세계에서 더 많은 시간을 보낼 것이다."라고 언급했다.

이제 '유니티', '언리얼 엔진', '메타휴먼 크리에이터' 등과 같은 메타버스 제작 플랫폼을 통해 누구나 가상공간과 가상인간을 무료로, 쉽고, 빠르게 만들 수 있다. 이와 같은 지능화된 제작 플랫폼이 계속 등장하고 진화하면서 본격 가동되면, 메타버스 콘텐츠는 기하급수적으로 증가하고, 이 메타버스 콘텐츠가 다양한 기기들과 결합하면서 메타버스 생태계는 빠른 속도로 확장할 것이다. 다가올 메타버스 시대는 소수의 전문가에게만 의존하지 않는다. 다양한 사람들이 따로, 또 같이 만들어가는 무한한 상상의 세계다.

우리는 복합 범용기술인 가상융합기술(XR, eXtended Reality)+데이터 기술(D, Data Technology)×네트워크(N, Network) 기술×인공지능(A, Artificial Intelligence) 기술 등, 즉 XR+D.N.A를 활용해 가상의 몰입(Immersion) 공간에서 지능화된(Intelligence) 아바타와 오감으로 상호작용(Interaction)하며, 현실에서는 불가능한 상상(Imagination)을 메타버스에서 이룰 수 있다. 이 4I(Imagination, Immersion, Intelligence, Interaction)가 만드는 차별화된 경험 가치로 새로운 미래를 만들 수 있는 것이다.

이제 인간과 공간 그리고 시간에 대해 기존에 가지고 있던 상식과 관성을 넘어선 새로운 전략 구상이 필요하다. 다양한 분야에 인간×시간×공간을 결합한 새로운 메타버스 경험을 설계하여 미래 경쟁력을 확보해야 한다. 현재의 메타버스는 게임과 SNS 등 소통(Communication) 영역에서 상대적으로 많이 활용되고 있으나 확산은 이제 시작단계로, 전 산업과 사회영역에서 활용방안을 강구해야 한다. 놀라운 미래를 대비한 메타버스 전환(Metaverse Transformation) 전략이 필요한 것이다. 메타버스의 영향력이 게임, 생활·소통 등 B2C(Business to Customer) 분야를 넘어 B2B(Business to Business), B2G(Business to Government) 등 경제

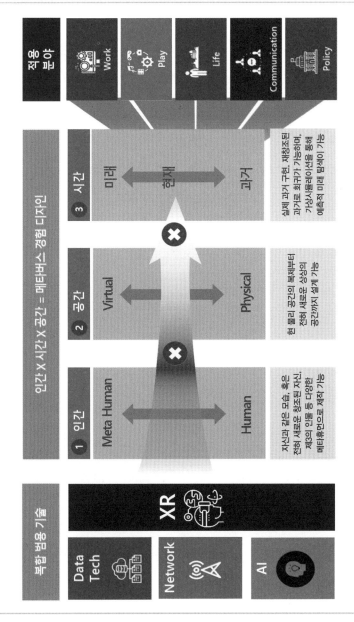

출처 : SW정책연구소(2021), "로그인 메타버스: 인간×공간×시간의 혁명"

전반으로 확대되어 감에 따라 새로운 기회 발굴을 위해 경제주체의 다각적인 노력이 필요하다.

다시 1장의 첫 질문으로 돌아가 보자. 만약 당신이 인간과 공간 그리고 시간을 만들어 낼 수 있다면 무엇을 하겠는가? 새로운 상상으로 놀라운 미래를 만들어 보자. 현실에서는 불가능한 전략으로 기업의 경쟁 우위를 창출하고, 메타버스를 통해 공공과 사회를 혁신하며, 본캐(본래 캐릭터)를 넘어 부캐(부가 캐릭터)로 새로운 인생을 설계할 수 있다.

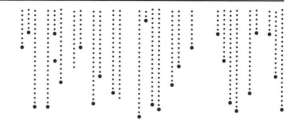

인간×공간×시간,
기업전략을 재구성하라

새로운 전장, 새로운 관점으로 바라보자

메타버스 시대에 기업은 경쟁, 협력을 새로운 관점으로 바라봐야 한다. 전장(戰場)이 바뀌었기 때문이다. 먼저, 경쟁을 다른 시각으로 봐야 한다. 리드 헤이스팅스 넷플릭스 CEO는 넷플릭스의 최대 경쟁자로 디즈니가 아닌 포트나이트를 지목했다. 동종업계 경쟁자를 두고, 메타버스 게임 플랫폼인 포트나이트를 경쟁자로 꼽은 것이다. 온라인 동영상 플랫폼 기업 넷플릭스는 왜 같은 업종이 아닌 포트나이트를 경계하고 있는 것일까? 포트나이트는 그냥 게임이 아니다. 게임을 넘어선 삶의 공간이다. '쇼트나이트'라고 하는 영화제가 열리고, 방탄소년단의 댄스 버전 뮤직비디오가 최초로 공개되는 곳이며, 전 세계 유명가수들의 공연 장이기도 하다.

수억 명의 사람들이 메타버스 플랫폼 포트나이트에 눈과 시간을 뺏기고 있다. 당연히 넷플릭스를 보는 시간은 줄어든다. 넷플릭스 CEO는 여기에 주목한 것이다. 전장이 오프라인과 웹사이트 화면을 넘어, 메타버스 공간으로 확장되었다. 이 경쟁에서 기존의 인터넷 공룡들은 모두 자유롭지 못하다. 수억 명이 모인 메타버스 플랫폼은 계속 확장되어 사업 영역을 넓혀 갈 것이기 때문이다. 새로운 시각으로 경쟁 환경을 보지 못하면 공룡들은 새로운 가상 행성의 충돌로 사라지게 될 것이다. 기존의 경쟁자가 중요하지 않다는 의미는 결코 아니다. 눈앞의 경쟁자만 바라보다, 보이지 않는 경쟁자에게 덜미를 잡히는 것을 유의해야 한다.

협력의 범위도 확대해야 한다. 메타버스 게임 기업인 나이언틱(Niantic)은 영국의 연극 극단인 펀치드렁크(Punchdrunk)와 파트너십을 체결했다. 왜 메타버스 게임 기업이 연극 극단과 협력을 할까? 펀치드렁크 극단은 관객이 연극에 직접 참여해 배우들과 상호작용하는 실감(Immersive) 연극으로 유명하다. 펀치드렁크의 공연에는 제4의 벽이 없다. 관객들이 무대에서 배우들과 함께 호흡한다. 이로 인해 관객들은 기존의 연극과는 다른 개인화된 경험을 할 수 있다. 대표작으로는 '슬립 노 모어(Sleep No More)'가 있다. '슬립 노 모어' 공연에서 관객들은 최대 3시간 동안 6개 층으로 이루어진 호텔 내부로 안내되어 100개가 넘는 방을 자유롭게 드나들며 공간을 탐색하거나, 때론 홀로 외딴 방에 이끌려 배우와 일대일 접촉을 하는 등 상상하지 못했던 연극을 체험한다.[2] '슬립 노 모어' 공

출처 : Punchdrunk

연에서 관객들은 가면을 쓴다. 자신을 감출 수 있다. 휴대폰 사용도 엄격히 통제되고 말을 하면 안 된다. 관객들로 하여금 오직 공연 현장에 몰입하도록 이끈다. 관객들은 펀치드렁크가 구현한 100개의 방에서 가면을 쓴 채로 초월적 경험을 한다. 메타버스를 오프라인으로 구현한 것 같지 않은가? 나이언틱과 펀치드렁크의 협력은 온라인과 오프라인 메타버스 기업의 협력인 것이다. 나이언틱은 증강현실 기반의 메타버스 구현에 힘을 쏟고 있다. 가상과 현실을 연결하여 초월적 경험을 만드는 파트너로 펀치드렁크를 찾은 것이다. 나이언틱과 펀치드렁크는 다양한 협력을 통해 가상과 현실이 융합된 새로운 스토리를 만들고 우리를 새로운 경험의 세계로 이끌 것이다.

중국의 인터넷 기업 텐센트는 투자를 통해 메타버스 협력 네트워크를

출처 : Tencent

확대하고 있다. 텐센트(Tencent)는 2013년에 포트나이트의 지분 48.4%를 확보했고, 최근 증강현실에 주력하고 있는 스냅의 지분을 12% 보유하고 있다. 이외에도 메타버스에서 중요해질 블록체인 기술, 메타버스에서 확대되기 용이한 다양한 플랫폼 사업에 전방위적 투자를 하고 있다. 텐센트뿐만이 아니다. 이미 수많은 명품 기업, 전자 기업, 엔터테인먼트 기업들이 메타버스 플랫폼과 협업하고 있으며, 다른 한편으로는 자체 메타버스 플랫폼을 구상하고 있다.

가상공간을 만드는 선도 기업 '유니티'와 '에픽게임즈'는 지금 누구와 협력하고 있을까? 그동안 게임에서 강력한 메타버스 제작 플랫폼을 가지고 시장을 선도했던 이 기업들이 지금은 누구와 양해각서(MOU)를 맺고 있는가? 이미 국내에서는 CJ ENM, 삼성중공업, 대우조선해양, 두산인프라코어, 만도, 고려대, 경상국립대, 청강문화산업대 등 다양한 기업 및 대학들과 협력하고 있다. 각자 서로 산업에 맞는 메타버스 생태계 구축을 위해 협력 방안을 찾고 있다.

메타버스 네이티브를 이해하자

고객도 새로운 관점으로 봐야 한다. 메타버스에서는 고객을 입체적으로 이해해야 한다. 1명의 고객이 멀티 페르소나(Multi persona)를 가지고 있기 때문이다. 그리스어로 가면이란 의미의 페르소나는 다른 사람에게 보이는 외적 인격을 말한다. 멀티 페르소나는 한 사람이 여러 개의 가면을 바꿔가면서 쓰듯이 다양한 상황에 따라 정체성을 달리 갖는다는 뜻이다. 현실에서 본캐(본래 캐릭터)로 살아간다면 메타버스에서는 새로운 부캐(부가 캐릭터)로 변신하는 것이다. 본캐와 부캐가 상당부분 유사할 수도 있지만, 개인의 성향에 따라 극적인 차이를 보일 수도 있다.

현재 메타버스에 가장 친숙한 세대는 1990년대 중반에서 2000년대 초반에 걸쳐 태어난 Z세대이다. 메타버스 네이티브(Metaverse Native) 세대이다. 어렸을 때부터 SNS를 통해 가상환경에서 새로운 자아를 만드는 데에 익숙한 Z세대는 멀티 페르소나를 통해 다양한 부캐를 만들고 표현할 것이다. 예컨대 링크드인(Linkedin)에선 나의 전문성을, 인스타그램에서는 호화로운 일상을 강조하듯, Z세대는 네이버제트의 메타버스 플랫폼 '제페토'와 엔씨소프트의 팬 커뮤니티 '유니버스'에서 각각 다른 페르소나를 보여준다.[3] 앱 분석기업인 센서타워(Sensortower)에 따르면, 2020년 미국의 10대들은 로블록스에서 하루에 156분의 시간을 보냈다. 유튜브는 54분, 인스타그램 35분, 페이스북 21분 순이다. 또한 로블록스의 자체 설문조사에 따르면 미국 10대의 52%가 현실 친구를 만난 시간보다 로블록스를 비롯한 온라인 플랫폼에서 보낸 시간이 더 많다고 답했다. 미국의 10세~17세 청소년의 40%가 매주 한 번 이상 포트나이트에 접속해 전체 여가 시간의 25%를 보내고 있다.

미국의 뱅크오브아메리카(Bank of America)는 Z세대의 경제력이 모든 세대 중에서 가장 빠르게 성장하고 있다고 밝혔다. Z세대들이 노동 시장에 진입하면서 발생하는 소득은 2030년까지 33조 달러(약 3경 6,699조 원)로, 세계 소득의 4분의 1 이상을 차지한 뒤 2031년에는 밀레니얼 세대의 소득을 넘어설 것으로 예상했다.[4] 따라서 Z세대와 이들의 페르소나를 이해하고 마케팅 전략을 수립해야 한다는 것이다.

메타버스 시대에 Z세대를 주목해야 할 이유는 분명하다. 하지만 질문을 바꿔보자. 메타버스는 Z세대의 전유물인가? 현재 집중 조명을 받고 있는 메타버스 게임에서는 이러한 현상이 충분히 이해된다. 하지만 메타버스는 게임과 생활 소통에만 있지 않다. 전 산업의 일하는 곳에도, 사회를 혁신하는 비영리 기관에도 정부에도 있다. B2B 분야에서 메타버스는 이미 다양한 시도를 해왔고 빠르게 확산하고 있다. 거기에서 메타버스를 경험하는 사람들은 Z세대만이 아니다. 메타버스를 협소하게 이해할 것인가, 더욱 넓게 해석해 어떤 기회를 찾을 것인가에 따라 고객이 다르게 보일 것이다. 그리고 그곳에 기회가 있다.

메이드 인 메타버스와 가치사슬의 메타버스 전환

이제 기업은 메타버스 관점에서 인간과 공간, 시간의 전략을 재구성해야 한다. 메타버스에서 일하고, 가상과 현실을 융합하여 제품과 서비스를 만들어 생산성을 혁신하고, 경쟁우위를 창출해야 한다. 말 그대로 '메이드 인 메타버스(Made in Metaverse)'다.

부동산 기업 직방의 모든 직원들은 이제 더 이상 오프라인 사무실로 출근하지 않는다. 메타버스 업무 플랫폼 '게더타운(Gather Town)'을 통해 일한다. 게더타운에 로그인하면 기존 사무실 구조 그대로 만들어진 가상 사무실이 보이고 자신의 자리와 책상, 회의실도 있다. 자신의 아바타를 이야기하고 싶은 팀원 아바타 옆으로 이동시키면 화상회의 시스템이 자동으로 켜진다. 멀리 있는 직원들의 소리는 들리지 않고 가까이 있는 사람과의 대화가 시작된다. 아바타를 활용한 가상 사무실은 기존의 원격 근무 시스템의 단점까지 보완해준다는 점에서 의미가 있다. 원래 일하던 사무실처럼 꾸민 메타버스에서 내 아바타가 다른 팀원과 대화하는 과정은 사무실에 출근한 것 같은 느낌을 준다. 별도의 영상회의 시간을 잡고 접속 링크를 보내며 기다릴 필요도 없다. 아바타를 이용해 언제든 원하는 직원과 얼굴을 보며 대화할 수 있다. 직방뿐만이 아니다. 글로벌 대기업 넷플릭스, 디즈니, 우버, 오토데스트, 쇼피파이(shopify) 등도 이러한 메타버스 업무 플랫폼을 활용하고 있다.

페이스북 직원들은 영구 재택근무를 신청할 수 있다. 한시적이 아니라 영구다. 모든 직급에 상관없이 원격근무를 희망하는 직원이라면 이를 요청할 수 있도록 규정을 새로 만들었다. 마크 저커버그 페이스북 CEO는 직원들에게 보낸 메모에서 "지난 1년간 훌륭한 업무 처리로 어디서나 근무가 가능하다는 것을 알게 됐다."고 밝혔다. 앞으로 페이스북 직원들은 어디서 일을 하게 될까? 전 세계의 직원들이 페이스북의 메타버스 사무실 '인피니트 오피스(Infinite Office)'로 모이게 될 것이다.

페이스북뿐만이 아니다. 트위터, 드롭박스, 세일즈포스도 영구 재택근무를 결정했다. 그렇다고 전 산업의 모든 직군이 모두 메타버스 사무실로만 출근할 것이라는 의미는 아니다. 산업과 업무의 특성에 따라 메타버스 업무 플랫폼이 탄력적으로 적용될 것이다. 하지만 분명한 것은 메타버스에서 일하는 시간이 늘어난다는 것이다. 메타버스로 업무 효율이 높아지고 혁신이 생겨났다면 과거로 돌아가기 어렵다.

메타버스에서 일하고 제품과 서비스를 만든다는 것은 가치사슬(Value Chain)을 메타버스로 전환한다는 의미와 연결된다. 기업의 세부 활동들은 서로 사슬처럼 연결되어 있고 이러한 활동이 유기적으로 연계되어 가치를 창출하게 된다. 그것은 유통, 제조, 마케팅 등의 주요 활동과 연구개발(R&D), 인사 등의 지원 활동으로 크게 구분된다. 우리는 이미 3장에서 메타버스가 어떻게 산업을 바꾸는지 제조, 유통, 광고 등 다양한 영역에서 살펴보았다. 유통 시장에 가상의 바람이 불고 있고, 가상 공장이 운영되고 있으며, 전 세계의 인재들이 메타버스에 모여 디자인과 연구개발 활동을 하고 있다. 가상인간(Virtual Human)은 기업 홍보 등 가치사슬 전 영역에서 지원 활동을 하고 있다. 기업의 가치사슬 전반에 메타버스가 적용되어 생산성을 높이고 있다.

그러므로 단순히 가상 사무실에서 일한다는 개념을 넘어 기업의 가치사슬 전체에 메타버스를 도입하여 경쟁우위를 창출할 방안을 탐색해야 한다. 기업의 가치사슬에서 물리적인 자산과 사람이 꼭 필요한가를 생각해 보라. 그리고 물리적인 자산과 사람을 이동시키기(Transport) 전에, 전송하면(Teleport) 안 되는지 원점에서 고려해 보라. 그곳에 메타버스 혁신이 기다리고 있을지 모른다.

메타버스 시대, HR(Human Resource) 전략

기업의 가치사슬 중에서 HR(Human Resource) 분야를 메타버스로 전환해 보자. 채용에서 교육까지 폭넓게 메타버스가 적용되고 있다. 우수한 인재를 확보하기 위한 채용설명회가 메타버스에서 이루어지고 있다.

LG이노텍은 제조업계 최초로 쌍방향 소통이 가능한 메타버스 채용설명회를 개최했다. 메타버스 플랫폼인 게더타운(gather town)을 활용했으며, 채용설명회에는 사전 신청을 통해 초청장을 받은 400여 명의 대학생과 20명의 인사 담당자 및 현업 실무자가 아바타로 참여했다. 취업준비생들은 아바타를 활용해 LG이노텍 본사 1층을 그대로 재현한 가상 공간에 접속하여 관심 있는 프로그램에 자유롭게 참여했다. LG이노텍의 인사 제도, 조직문화 설명회가 개최되었고, 선배 사원과의 대화, 직무별 상담, 인사 담당자와의 1:1 미팅도 이루어졌다. 별도로 마련된 가상 갤러리에서는 회사소개 영상이 송출되었고, 실제 사내 카페를 그대로 옮겨 놓은 휴게 공간에서 참석자들끼리 서로 대화하며 소통했다. 가상 카페에서 특정 시간대에 바리스타와 이야기를 나눈 사람을 선정해 커피 쿠폰을 증정하는 깜짝 이벤트도 열렸다.

SK텔레콤도 자사 메타버스 플랫폼 '점프 버추얼 밋업'을 활용하여 취업준비생들의 편의와 안전을 고려한 신개념 채용설명회를 개최했다. 점프 버추얼 밋업에서는 참가자들이 자신만의 아바타를 만들어 메타버스에서 최대 120명까지 동시 접속해 비대면 회의나 컨퍼런스, 공연, 전시 등 다양한 모임을 개최할 수 있다. SK텔레콤에서 개최한 메타버스 채용설명회에는 응모를 통해 선정된 600여 명의 취업준비생과 채용 담당자

◆ LG이노텍(좌), SK텔레콤(우)의 메타버스 채용설명회

출처: LG이노텍, SK텔레콤 홈페이지

가 아바타로 참여해 만났다. 채용설명회에서 SK 텔레콤 소개, HR 제도, 채용 전형, 모집공고 순으로 채용 담당자가 발표한 뒤, 질의응답이 진행됐다.

채용설명회를 마치면 다음 단계는 메타버스 면접이다. 독일 철도회사 도이체 반(Deutsche Bahn)은 가상현실을 이용해 신입사원을 뽑기 시작했다. 지원자들은 VR(Virtual Reality) 헤드셋을 착용하고 가상현실을 통해 실제와 같은 분위기에서 회사 업무를 직접 경험하고, 그 안에서 문제해결 능력이 있는지를 평가받는다.

◆ 도이체 반(Deutsche Bahn)의 메타버스 면접

출처: 도이체 반 홈페이지, www. edition.cnn.com "How VR is transforming HR"

이스라엘 기업 액티뷰(Actiview)는 가상현실을 이용해 기업의 지원자들을 평가하는 채용 플랫폼을 개발했다. 지원자들은 액티뷰 플랫폼을 통해 퍼즐 기반의 테스트에 참가한다. 기업은 가상현실 시뮬레이션을 통해 지원자가 가상환경 안에서 보고 듣고 느끼는 것을 제어할 수 있다. 그리고 그들이 가상으로 사무실 공간을 둘러본 뒤 무슨 전략을 짜는

지, 그들이 미션을 해결하기 위해 어떠한 생각을 하는지, 퍼즐을 선형 순서에 따라 푸는지 등 지원자들의 문제해결 접근 방식을 관찰할 수 있다. 또한 액티뷰 플랫폼에서는 지원자가 가상으로 최고경영자를 만나는 기회도 제공한다.[5]

◆ 액티뷰(Actiview) 플랫폼

출처: ActiView 홈페이지

이제 면접에 합격했으니, 메타버스로 신입사원 연수를 떠나보자. LG 화학은 신입사원 연수를 메타버스에서 진행했다. LG화학은 온라인을 통한 신입사원 교육 연수에서 회사 공간을 그대로 재현한 메타버스 플랫폼을 활용했다. 가상 교육센터는 대강당, 직무 교육실, 강의실, 휴게실, 식당 등 현실의 교육센터와 유사하게 구현되었다. 생산, R&D, 영업 등 다양한 분야로 LG화학에 입사한 신입사원들은 아바타 모습으로 가상공간을 활보하며 직무 정보와 회사 생활에 필요한 정보를 습득했다.

메타버스 비긴즈 : 인간×공간×시간의 혁명

조별로 마련된 회의실에서는 아바타와 화상채팅을 활용해 과제를 해결했고, 대강당에서는 아바타로 등장한 임원과 대화의 시간을 가졌다.

이제 신입사원 연수를 마쳤으니 메타버스로 출근해서 일을 시작해보자. 부동산 중개 기업 '직방'은 메타버스 플랫폼 게더타운(Gather town)에 사무실을 만들었다. 기존에 오프라인으로 출근하던 건물이 사라진 것이다. 모든 직원은 메타버스로 출근하며, 고객 회의에 꼭 필요한 사무실만 곳곳에 남겨두고, 본사는 메타버스로 옮긴 것이다. 직원들은 각자 자신의 집에서 메타버스 사무실로 접속해 자신의 책상에 아바타를 앉히고 업무를 본다. 직방은 향후 메타버스 플랫폼 '메타폴리스'를 자체 개발해 오프라인 사무실을 가상공간으로 전환할 계획이다. 페이스북은 최근에 영구 재택근무 시행을 발표했다. 일시적인 재택이 아니라 영구적으로 재택근무를 할 수 있게 된 것이다. 페이스북이 영구 재택근무를 시행하면 직원들은 앞으로 어디에서 근무하게 될까? 페이스북은 다 계획이 있다. 이미 오큘러스(Oculus) 플랫폼을 활용한 가상현실 사무실 '인피니

◆ 메타버스 신입사원 연수(좌, LG화학), 출근(우, 페이스북 인피니트 오피스)

출처: LG화학, 페이스북 홈페이지

트 오피스(Infinite Office)'를 개발해 놓았기 때문이다. 트위터와 네이버의 자회사 라인플러스도 이미 영구 재택근무를 시행 중이다.

이제 회사에 본격적으로 출근했으니, 메타버스로 다양한 직무 교육도 받아보자. 테일스핀(Talespin)이 개발한 가상현실 기반의 기업인력 교육 프로그램을 통해 직원들은 가상 아바타와 대화하면서 다양한 직무 교육을 받을 수 있다. 다양한 시나리오가 준비되어 있어 직원들은 상황에 맞춰 가상 파트너와 어떻게 대화하고 협력해나갈지 연습할 수 있다. 또한 직원의 대처에 따라 실시간으로 피드백이 이루어진다. 고객관리 교육의 경우, 화난 고객, 슬픈 고객, 불만이 쌓인 고객 등 다양한 사례에 맞게 훈련이 구성되어 있어 현실에서 유사한 상황에 직면하게 되면 거기에 대처할 수 있도록 지원한다.

직원들의 언어 능력 향상도 메타버스로 해결한다. 언어학습 메타버스 플랫폼인 몬들리(Mondly)를 활용하면, 가상 교사 아바타와 대화하거나 가상현실 상황 속에서 다양한 언어를 배울 수 있다.

◆ 메타버스를 활용한 사내교육 (좌: 몬들리, 우: 테일스핀)

출처 : 몬들리, 테일스핀 홈페이지; SW정책연구소(2020), 글로벌 XR 활용 최신 동향 및 시사점

메타버스 안에서 일할 사람을 찾는 경우도 있다. 메타버스에서 아바타로 근무하고, 급여는 가상자산으로 지급받는 방식이다. 블록체인 메타버스 플랫폼 디센트럴랜드(Decentraland)는 메타버스 내의 카지노에서 일할 직원을 뽑기 위해 채용공고를 낸 후, 실제로 디센트럴랜드 카지노에서 일할 풀타임 매니저를 채용했다. 채용된 매니저는 디센트럴랜드로 출근하기 위해 현실에서 하던 바텐더 일을 그만두었다. 그는 일정 관리, 실적 관리 등 현실에서 카지노 매니저가 감독하던 일을 가상에서 수행하고 있으며, 업무는 이더리움 블록체인상에 기록될 뿐이다.

◆ 디센트럴랜드의 카지노 채용공고

출처 : https://www.coindesk.com

이처럼 채용의 전 과정과 이후의 기업교육에서도 메타버스가 적용되고 있다. 물론 모든 HR 과정을 메타버스로 전환하라는 의미는 아니다. 기업의 규모와 사업의 특성, 비용 등 다양한 요소를 고려해야 할 것이다. 코로나로 인해 일하는 방식이 변화하면서 미래의 HR도 과거로 회귀하기는 어려울 것이다. 이제 메타버스에서 활로를 찾아야 한다.

방탄소년단에게 배우는 메타버스 전략

미국 빌보드는 2020년 최고의 팝스타로 방탄소년단을 선정했다. 놀라운 기록의 연속이다. 이어진 미국 시사주간지 〈타임(TIME)〉의 발표를 보면 더욱 흥미롭다. 방탄소년단의 소속사 '하이브(HYBE)'가 타임이 선정한 '세계에서 가장 영향력 있는 100대 기업'에 구글, 테슬라, 애플 등과 함께 이름을 올린 것이다. 한국 기업으로는 삼성과 하이브만 포함되어 있다. 타임은 자체 선정한 100대 기업을 "세상에 비범한(extraordinary) 영향을 끼치며 비즈니스를 펼치고 있는 기업"이라고 설명했고, 하이브에

◆ 〈타임〉지 선정 100대 기업과 방탄소년단이 속한 하이브(HYBE)

출처 : https://time.com

메타버스 비긴즈 : 인간×공간×시간의 혁명

대해서는 두 가지를 언급했다. 디즈니와 같은 팬 친화적인 경험, 그리고 세계로 발전시킬 수 있는 방탄소년단의 IP(지식재산권)가 바로 그것이다. 방탄소년단과 소속사 하이브의 '비범한 경쟁력'은 그들의 탄탄한 음악성과 성품 그리고 실력에 기반한다. 여기에 그들을 도와주는 조력자가 있다. 바로 메타버스다.

타임이 강조한 것은 하이브가 디즈니와 같은 경험 가치를 주는 기업이라는 것이다. 하이브는 이 경험 가치를 구현하는 데에 메타버스를 활용했다. 평상시 방탄소년단은 자신들의 진솔한 생활을 브이로그(VLOG)를 통해 보여주며 팬들과 소통했다. 라이프 로깅(Life logging)에 기반한 메타버스를 활용한 것이다.

방탄소년단은 2013년 6월에 데뷔했지만, 소속사인 하이브는 방탄소년단 멤버들이 데뷔하기 전 직접 녹화한 로그 영상을 블로그에 올렸다. 멤버들은 로그 영상을 통해 자신들이 어떤 생각을 하면서 데뷔를 준비했는지, 하루 동안 작업실에서는 어떤 연습을 했는지 등을 일기처럼 기록했고, 이것은 SNS를 통해 퍼져나갔다. 방탄소년단이 TV 예능 프로그램이 아니라, 자신들이 직접 만든 콘텐츠로 팬들을 찾아 나섰다는 것도 의미가 있지만, 더 중요한 것은 '브이로그'라는 형식 그 자체다. 멤버들이 데뷔 전부터 있었던 자신들의 이야기를 진솔하게 털어놓는 방식은 기존의 TV 프로그램을 통해서는 볼 수 없던 형식이었고, 팬들은 데뷔 전 방탄소년단의 이야기를 따라가며 감정적으로 강하게 몰입할 수 있었다. 이를 통해 방탄소년단이 인기를 얻은 뒤 팬이 된 이들도 그들의 역사를 따라갈 수 있다.[6]

코로나19로 인해 전 세계 투어가 멈췄지만, 이들의 공연과 소통은 멈추지 않았다. 방탄소년단은 메타버스를 통해 인간과 공간 그리고 시간을 재구성하여 팬들에게 초월적인 경험을 선사했다. 2020년 10월 방탄소년단은 메타버스를 활용해 초월적 무대를 선보였다. 이틀간 개최한 메타버스 콘서트 〈BTS 맵 오브 더 소울 원〉의 누적 관객은 총 99만 3,000여 명, 49,500원짜리 티켓으로 올린 매출액은 약 500억 원에 이르렀다. 공연 인트로의 성벽을 비롯해 '인트로 : 페르소나(Intro : Persona)'에서 나타난 거대한 RM의 모습, '문(Moon)' 무대를 더욱 환상적으로 보이게 한 행성, 마지막 앙코르 곡인 '위 아 불릿프루프 : 더 이터널(We are Bulletproof : the Eternal)'에서 아미(방탄소년단 공식 팬클럽)의 모습이 담긴 큐브 등은 모두 증강현실 기술로 구현되었다. 가상융합(XR) 기술은 각각 'DNA'와 '쩔어'의 우주와 엘리베이터, '노 모어 드림(No More Dream)'의 총알 등으로 구현됐다.

◆ 가상융합(XR)기술이 활용된 방탄소년단 공연

출처 : 하이브

2020년 12월 6일, '2020 엠넷아시안뮤직어워드(MAMA)' 마지막 곡 'LIFE GOES ON' 무대에서는 어깨 수술로 불참한 방탄소년단의 멤버 '슈가'가 가상으로 등장해 세계 시청자들을 놀라게 했다. 슈가를 제외한 방탄소년단 멤버들이 'LIFE GOES ON' 무대를 소화하는 도중에 슈가는 가상의 문을 열고 자신의 노래 파트를 소화하며 걸어 나왔다. 증강현실로 구현된 슈가는 외모뿐만 아니라 입 모양과 몸짓도 자연스러웠다.

◆ 방탄소년단의 2020 엠넷아시안뮤직어워드(MAMA) 무대

출처 : 비브스튜디오

2020년 12월 31일 온라인을 통해 하이브 소속의 가수들이 '2021 뉴 이어즈 이브 라이브(2021 NEW YEAR'S EVE LIVE)'를 개최했다. 무대가 이어지는 과정에서 방탄소년단 멤버 슈가가 내레이션으로 다음 무대를 소개했다. "어제의 나를 만나면 더 좋은 사람이 될 수 있을까. 정답과 오답, 끝없는 질문이 새겨져 있습니다. 그리고 여기 그 질문에 아낌없이 답해온 이가 있습니다. 너의 꿈을 비웃는 이는 애써 상대하지 말라고. 같

은 곳을 향해 가고 있음을 외로워하지 말라고. 다신 아파하지 말라고. 뜨겁게 치열하게 음악으로 치유하고 있다고. 우리는 지난날을, 단 한 번도 세계에 공개된 적이 없는 그의 곡을 이 곡에서 완성해보려고 합니다." 이어서 홀로그램으로 신해철이 등장했고, 방탄소년단은 고 신해철과 함께 시공을 초월한 합동 공연을 했다.

◆ 방탄소년단과 고 신해철 합동 무대

출처 : 하이브

또한 방탄소년단은 메타버스 게임 플랫폼 '포트나이트' 행성에 방문하여 자신들의 새로운 뮤직비디오 버전을 최초로 공개했다. 세계적 게임 엔진 개발사인 에픽게임즈는 "방탄소년단이 포트나이트 안의 파티로얄(party royle)에서 모든 파티광들을 위해 메인 스테이지를 불태운다. 한국 시각 9월 26일 토요일 오전 9시 파티로얄 모드에서 방탄소년단의 신곡 '다이너마이트' 안무 버전 뮤직비디오를 세계 최초로 공개한다."고 밝혔다. 이와 함께 포트나이트에 방탄소년단의 댄스 아이템 2종이 추가되었고, 아이템 상점에서 판매되었다. 방탄소년단은 여러 가상 행성들을 오가며 자신들의 무대를 넓힌 것이다.

◆ **포트나이트에 등장한 방탄소년단**

방탄소년단은 다른 메타버스 행성을 방문할 뿐만 아니라 자신들의 가상 행성도 만들었다. '위버스(Weverse)'라는 메타버스에서 전 세계 팬들과 소통하고 있다. 위버스는 소속사인 하이브에서 만든 팬 커뮤니티 플랫폼이다. 위버스 가입자는 약 1,500만 명을 상회하고 있으며, 아티스트와 팬들이 남기는 글은 한 달에 1,100만 건 이상이고, 하루 평균 140만 명이 이 메타버스 플랫폼을 방문한다. 위버스의 매출액은 2018년 144억 원, 2019년 782억 원, 2020년에는 2,191억 원으로 급증했다. 수익이 가속화되고 있다. 월 방문자 수는 2021년 1분기 기준으로 평균 약 490만 명이다. 방탄소년단과 팬을 이어주는 메타버스 플랫폼 위버스에는 함께 미래를 이야기하는 공간이 있고, 방탄소년단이 남긴 메시지도 있으

며, 굿즈 숍도 있다. 위버스에서는 메타버스 공연도 관람할 수 있다. 방탄소년단이 앨범 '비(BE)'로 컴백할 때 그랬듯이 자체적으로 진행한 인터뷰를 위버스에서 제공하며 팬들과 소통하기도 한다.

◆ 위버스

하이브는 위버스 플랫폼을 더욱 강력하게 만들고 있다. 방탄소년단이 그간 '브이라이브(VLive)'에서 선보이던 콘텐츠 중 상당수를 위버스 플랫폼으로 옮겼다. 방탄소년단이 자체 여행 예능 프로그램 '본 보야지(BON VOYAGE) 시즌 4'를 위버스에 공개했는데, 이전까지 이 시리즈는 네이버 브이라이브 앱 채널로 공개됐었다. 하이브는 네이버와 협력하여 메타버스 플랫폼 기업으로의 도약을 준비하고 있다. 네이버는 위버스를 운영하는 하이브의 자회사 위버스컴퍼니의 주식 49%를 4,110억에 취득했다. 하이브와 네이버는 라이브 영상 플랫폼 브이라이브와 위버스를 통

합한다는 계획이다.

　더욱 주목할 점은 하이브가 위버스를 방탄소년단만의 메타버스 플랫폼으로 국한하지 않는다는 것이다. 위버스에는 방탄소년단을 포함해서 투모로우바이투게더를 비롯해 다수의 가수들이 있다. 하이브는 다수의 기획사를 계속 인수하며 멀티 레이블 체제를 갖추었다. '뉴이스트', '세븐틴', '여자친구', '엔하이픈(ENHYPEN)' 등은 물론 '씨엘', '선미', '헨리'처럼 자사 소속이 아닌 아티스트도 위버스에 있다. 또한, 하이브는 네이버와 협업 이후 광폭 행보를 이어가고 있는데, '아리아나 그란데', '저스틴 비버' 등이 소속된 매니지먼트사 'SB프로젝트'를 자회사로 두고 있는 이타카홀딩스의 지분 100%를 1조 1,844억 원에 인수했다. '블랙핑크'도 위버스에 합류할 예정이다. 유튜브 구독자 1~4위(저스틴 비버, 아리아나 그란데, 방탄소년단, 블랙핑크)가 모두 위버스에 모이게 되는 것이다. 하이브는 이들을 모두 위버스 플랫폼을 기반으로 활동하게 할 것이며, 이로 인해 수억 명의 팬들이 위버스로 유입될 것이다. 비버는 유튜브 구독자 수 6,200만 명으로 전 세계 아티스트 중 1위이다. 블랙핑크는 약 6,000만 명, 방탄소년단과 아리아나 그란데는 각각 약 5,000만 명의 유튜브 구독자를 보유하고 있다. 스타들은 하나하나 '가상 행성'이 될 것이며, 수많은 행성 간의 교류가 시작될 것이고, 그 중심에는 위버스가 있다.

　미국의 〈타임〉지가 '하이브'를 '세계 100대 기업'에 선정하며 두 번째로 강조한 것은 방탄소년단의 IP(지식재산권)이다. 하이브는 방탄소년단의 아바타를 다양한 형태로 재창조했다. 마치 멀티 페르소나(Multi Persona)를 구현한 것처럼 말이다.

글로벌 인기 캐릭터 'BT21'은 '라인프렌즈 크리에이터스(LINE FRIENDS CREATORS)'의 첫 번째 프로젝트로 라인프렌즈와 방탄소년단의 협력으로 탄생한 새로운 개념의 캐릭터 라인업이다. 기존에는 전문 디자이너가 아티스트의 외형을 따와 이를 캐릭터로 구현했다. 'BT21'은 기존의 아바타 제작방식으로 탄생하지 않았다. 방탄소년단 멤버들이 캐릭터 스케치에서부터 성격 부여, 스토리텔링, 제품 기획 등 전 과정에 직접 참여해 각각의 캐릭터를 만들었고, 이 캐릭터는 현재 다양한 분야에서 활동하고 있다.

◆ 방탄소년단과 BT21

출처 : BT21 홈페이지

하이브는 방탄소년단 멤버 7명 각각의 외양과 가치관을 투영한 캐릭터 '타이니탄(TinyTAN)'도 공개했다. '타이니탄' 캐릭터는 방탄소년단의 제2의 자아가 발현된 개념으로, 애니메이션 영상 '매직 도어(Magic

Door)'를 통해 현실 세계를 넘나드는 세계관을 가지고 있다. 하이브는 "타이니탄에는 방탄소년단 멤버들의 특징뿐만 아니라 음악과 퍼포먼스로 전해 온 선한 영향력, 공감 및 치유의 메시지까지 그대로 투영됐다."고 언급하며, 타이니탄을 활용한 다양한 콘텐츠를 공개할 예정이라고 발표했다. 이후 현실의 무게에 지친 주인공 앞에 타이니탄이 매직 도어를 열고 나타나 위로를 전하고 성장을 돕는 스토리의 애니메이션 영상이 공개되기도 했다. 타이니탄은 방탄소년단 정국이 평소 사용한다고 밝힌 바 있는 섬유유연제 브랜드 다우니 어도러블 제품의 광고 모델로 선정되기도 했다. 다양한 브랜드와의 협업이 시작된 것이다.

◆ 방탄소년단의 타이니탄

출처 : 하이브

하이브는 메타버스 협력 네트워크도 확대하였다. 메타버스 게임 플랫폼 넷마블과 협력하여 방탄소년단의 아바타와 팬들이 함께 경험할 수 있는 새로운 경험 세계인 'BTS World', 'BTS Universe'를 게임으로 만들었다. 이외에도 방탄소년단의 IP로 만들어진 게임은 무수히 많다. 우리는 수많은 방탄소년단의 페르소나와 만나고 있는 것이다.

◆ BTS Universe

출처 : 넷마블

하이브는 하나의 방탄소년단을 다양한 아바타와 페르소나로 구현하여 팬들에게 색다른 경험을 제공했다. 원 소스 멀티 아바타(OSMA, One Source Multi Avatar) 전략이다. 또한, 기존의 오프라인 무대를 현실에는 없는 많은 메타버스 무대로 재창조했다. 'N-공간(N-Space)' 전략인 것이다.

정리하면, 하이브는 메타버스를 통해 인간×공간×시간을 재구성하여 초월적인 경험을 만들었고, 원 소스 멀티 아바타(OSMA), N-공간(N-Space), 그리고 협력을 통해 시너지를 만들었다. 원 소스 멀티 유즈

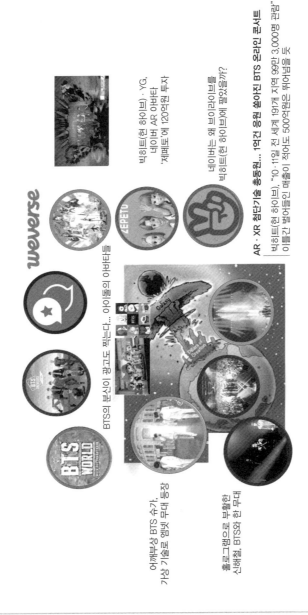

weverse

BTS의 분신이 광고도 찍는다... 아이돌의 아바타들

박히트(현 하이브) · YG,
네이버 AR 아바타
'제페토'에 120억원 투자

네이버는 왜 브이라이브를
박히트(현 하이브)에 팔았을까?

AR · XR 첨단기술 총동원... 1억건 응원 쏟아진 BTS 온라인 콘서트

박히트(현 하이브), "10·11일 전 세계 191개 지역 99만 3,000명 관람"
이틀간 벌어들인 매출이 적어도 500억원은 뛰어넘을 듯

어깨부상 BTS 슈가,
가상 기술로 엠넷 무대 등장

홀로그램으로 부활한
신해철, BTS와 한 무대

(OSMU, One Source Multi Use), N 스크린(N-Screen) 전략은 오랫동안 유지되었던 강력한 콘텐츠 확산전략이다. 물론 이 전략은 앞으로도 유효하다. 하지만 메타버스 시대에 기업은 기존 전략에 더해 새로운 전략을 구상해야 한다. 새로운 인간과 공간, 그리고 시간을 만들고, 거기서 경쟁 우위를 창출해야 한다. 하이브처럼 엔터테인먼트 기업을 넘어 메타버스 플랫폼으로 변신해 보자.

4I 믹스(Mix)가 중요하다

4I는 상상(Imagination), 몰입(Immersion), 지능(Intelligence), 상호작용 (Interaction)을 뜻한다. 범용기술인 가상융합(XR)기술, 데이터 기술(Data Technology), 네트워크(Network), 인공지능(Artificial Intelligence)이 복합 적용되어 만들어지는 차별화된 가치이다. 메타버스 경험을 잘 만들기 위해서는 이 4I가 유기적으로 믹스(Mix)되어야 한다.

가상현실 다큐멘터리, 엄마가 사별한 딸을 만났던 MBC의 〈너를 만났다〉를 다시 떠올려 보자. 엄마와 제작진이 만들어 낸, 현실에선 불가능한 상상, 몰입되는 가상공간, 지능이 만들어 낸 가상의 딸, 그리고 자연스러운 상호작용을 통한 감각의 전달, 이 모든 4I가 유기적으로 연계되어 감동적인 메타버스 만남이 이루어진 것이다. 그중에서 하나만 없더라도 감동을 온전히 전달하기 어렵다. 메타버스는 오랜 시간 동안 만들어져 왔고, 지금도 만들어지고 있으며, 앞으로는 급격히 증가할 것이다.

메타버스 비긴즈 : 인간×공간×시간의 혁명

과거와 현재에 만들어진 많은 메타버스가 주목받지 못한 이유는 여기에 있다. 4I 믹스(Mix)가 적절하게 이루어지지 않았기 때문이다. 특히, B2B, B2G 영역에서 더욱 그렇다. 멋진 문화 유적지를 메타버스로 만들었다고 상상해보자. 몰입되는 공간으로 들어가서 유적지를 보고 나오면 다시 같은 메타버스로 들어갈 유인이 생기는가? 들어갈 때마다 새로운 경험과 상호작용이 있지 않으면 단순한 몰입만으로는 다시 들어갈 유인이 크지 않다. 이는 메타버스 생태계 안에서의 협력이 매우 중요하다는 것을 의미한다. 기업이 혼자서 4I 역량을 모두 갖추기에는 상대적으로 어렵다. 그래서 메타버스 협력 네트워크를 구축하고 활용해야 한다.

3

메타버스 정부로 진화하라

국민이 메타버스를 경험한다는 의미

인터넷 혁명 시대를 지나오면서 기업뿐만 아니라 정부도 디지털 변신을 해왔다. 국가 차원에서 IT산업 활성화를 위한 정책을 수립하고, 부작용을 최소화하기 위해 법 제도를 개선하는 등 다양한 노력을 해왔다. 스위스 국제경영개발연구원(IMD)이 2020년에 발표한 세계 디지털경쟁력에서 한국은 조사대상 63개국 중 8위를 기록했으며, 이는 전년 대비 2단계 상승한 결과다. 관련 세부지표를 보면 인터넷 소매업 매출액 지표에서 세계 1위, 인터넷 대역폭 속도 지표는 2위를 기록했다. 인터넷 강국의 면모를 보여주고 있다. 또 다른 지표를 보자. 한국은 2020년 경제협력개발기구(OECD)에서 처음으로 실시한 디지털 정부평가[7]에서 종합 1위를 차지했다. 코로나19 위기 속에 더욱 빛난 디지털 정부 경쟁력을 세계가 인정한 것이다.[8] 이 지표 외에도 2019 OECD 공공데이터 개방지수 1위, 2020 UN 온라인 참여지수 1위, 2020 UN 전자정부발전지수 2위 등을 보면 공공부문에서도 디지털을 적극 활용하고 있음을 알 수 있다. 한국의 디지털 경쟁력과 디지털 정부평가 지수는 세부지표에서 명암이 있기는 하지만, 인터넷 혁명 시대를 잘 헤쳐나가고 있다는 반증이다. 중요한 것은 다음이다. 인터넷 강국에서 이제는 메타버스 강국으로의 전환을 준비해야 한다.

사람들이 메타버스를 경험한다는 것은 어떤 의미일까? 가상현실의 공간적 개념은 19세기 유럽의 파노라마와 이어진다. 파노라마 그림은 평균 넓이 2,000㎡, 높이 15m인 거대 건축물로, 원통 모양의 옆면에 거대한 풍경 이미지가 그려져 있다. 최초의 파노라마 그림은 영국군에 의해 만들어졌는데 목적은 정찰 용도였다. 적의 진영을 거대한 그림으로 관찰한 것이다. 이후 파노라마 그림은 런던으로 옮겨져 본국 군대의 활약상을 시민들에게 보여주기 위한 목적으로 전시되었다. 파노라마에 대한 대중적 관심이 늘어나자 19세기에 유럽 전역에 건설된 파노라마는 200~300개로 급증했고 전시도 늘어났다. 당시 약 1억 2천만 명 이상의 관객이 파노라마를 관람했다고 알려져 있다.

교양 수준의 높낮이와 상관없이 모든 계층을 매료시킨 과거의 물리적 메타버스, 즉 파노라마의 효과는 수십 년 뒤 찰스 디킨스가 가장 적확하게 표현했다.[9] "자신의 능력으로는 감당할 수 없는 체험을 실제로 체험하게 해주는 저렴하고 새로운 방법이 끊임없이 발명되고, 그 방법들을 국민들, 강조하건대 국민들이 누릴 수 있다는 점은 이 시대를 규정하는 바람직한 특징이다.[10] 그러한 발명품들이 대상으로 삼는 사람들은 특권층이 아니라, 평범한 사람들이기 때문이다. 그런 방법은 어디에도 갈 여유가 없어 집에만 머물러야 하는 사람들에게 실제로 여행하는 것 같은 체험을 하게 해준다. 그들의 눈앞에서 자신이 속해 있는 보잘 것 없는 세상 너머로 신세계가 열리고, 성찰하고 정보를 얻고 공감하고 흥미를 보일 영역이 확장된다. 인간이 인간을 더 잘 알게 될수록 모든 사람에게 이롭다."[11]

메타버스 시대에 인간이 서로를 이해하고, 두루 혜택을 누리려면 정부는 무엇을 준비해야 하는가?

◆ 영국, 레스터 스퀘어 파노라마

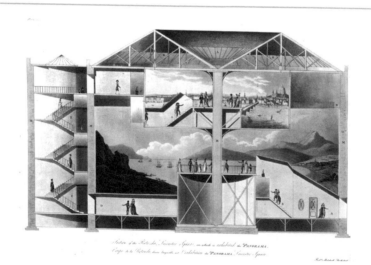

출처 : www.bl.uk, 원통형으로 만들어진 파노라마의 단면

메타버스 비긴즈 : 인간×공간×시간의 혁명

전자정부에서 메타버스 정부로

전자정부에서 메타버스 정부로 진화하는 방안을 고려해 볼 필요가 있다. 다양한 공공서비스를 메타버스로 혁신하는 것이다. 2020년 OECD 디지털정부평가에서는 대한민국이 1위를 차지했으나, 세부평가 항목 중 선제적(proactive) 정부 부문은 12위이다. 메타버스 혁명에 대한 준비는 필요하다는 것이다. 정부24는 대표적인 디지털 공공서비스 플랫폼이다. 이용률이 57.4%이고, 60대 이상의 고령층은 18.3% 수준이다.

매우 유용하고 편리한 공공 플랫폼의 이용률을 높일 수는 없을까? 2D 인터넷 화면으로 로그인하는 과정부터 최종 서비스를 받기까지 많은 입력과 인증을 거치다 보면, 실제 그 과정에서 중도에 포기도 많이 하게 된다.

가상 동사무소에 들어가면 어떨지 상상해보자. 나는 현실처럼, 가상공간으로 들어가는 것이다. 입구에 들어서면 인공지능 아바타가 나에게 어떤 용무로 왔는지 물어본다. 간단한 공공서비스는 아바타가 곧바로 처리한다. 복잡하고 난해한 공공서비스는 필요에 따라 동사무소 직원이 가상 속에 등장하여 처리한다. 인터넷 화면에서 벗어나, 현실과 같은 가상공간으로 들어가서 지능화된 아바타와 상호작용을 하면 우리는 매우 쉽고 빠르게 공공서비스를 받을 수 있다. 현실의 동사무소로 모든 사람이 자연스럽게 들어와 공공서비스를 이용하고 가는 것처럼, 이런 경험을 메타버스로 구현하는 것이다. 금융 분야에서는 이와 유사한 개념의 시도가 이루어지고 있다. 미국의 신용조합인 GTE(Credit Union Times)

는 고객이 가상의 환경에서 스스로 금융서비스를 처리하고, 필요시 직원과 실시간 채팅이 가능한 가상월드를 구현했다.[12]

◆ GTE의 가상점포

출처 : www.cutimes.com

메타버스 도서관을 상상해보자. 우리는 집에 있지만, 가상 도서관에서 책을 고르고, 자리를 잡고 앉아 전자책을 보거나 자료를 만들 수 있다. 전자책을 보다 친구를 발견하면 근처로 가서 말을 걸고 함께 휴게실로 가서 게임도 하고, 수다도 떨 수 있다. 도서관 안에는 지식생산 플랫폼도 있다. 전자책 제작 스튜디오를 통해 쉽게 전자책을 만들어 판매도 할 수 있고, 구매도 가능하다. 여기서 벌어들인 수익은 원화로 환전도 가능하다.

이미 시작된 메타버스 시대, 분야별 공공 인프라 및 서비스의 메타버스 전환 가능성을 검토하고 정책효과를 제고하는 등 메타버스 정부

(Metaverse Government)로의 전환 방안을 모색해야 한다. 메타버스 민원관리, 과학관, 도서관, 미술관, 국립대학, 공공의료 등 다양한 공공분야에서 시공간을 초월한 메타버스 경험을 구상하고 국민에게 전달하는 것이다. 또한, 가상 대한민국(Virtual Korea)을 구현하여, 데이터 기반의 정책을 수립하고 예견적 대응 체계를 확립하는 등 다양한 메타버스 전환 시도가 필요하다.

민관이 함께 만드는 메타버스 국방 혁신

국방은 대표적인 공공서비스이자, 혁신의 요람이다. 인터넷 혁명은 국방에서 시작되었다. 알파넷이 군용으로 사용되다 모두가 사용하는 인터넷으로 발전하였고, 전 산업과 사회에 혁신의 바람을 불어넣었다. 미국 정부는 이 경험을 잊지 않고 메타버스 혁명의 시대에도 적용하고 있다. 2021년 4월 미국 육군은 마이크로소프트(MS)와 219억 달러(약 25조 원) 규모의 '홀로렌즈2' 증강현실(AR) 헤드셋 12만 대를 향후 10년에 걸쳐 공급받는 계약을 맺었다. 이 계약 이전에 MS는 2016년 통합 비주얼 증강 시스템(Integrated Visual Augmentation System, IVAS)을 개발했으며, 2018년 미국 육군에 이 방식을 적용한 헤드셋 시제품을 4억 8,000만 달러에 제공했다. 또한, 2019년에는 미국 국방부와 10년간 100억 달러에 달하는 클라우드(Cloud) 통합 계약을 체결하기도 했다. MS가 개발한 홀로렌즈 헤드셋을 활용하면, 지도와 나침반을 눈앞에서 볼 수 있고,

아군의 위치 파악도 가능하다. 열 탐지를 통해 어둠 속에서도 적군을 식별할 수 있다. 음성과 손의 움직임으로 증강된 정보를 제어할 수도 있다. 메타버스를 활용해 전투 효율을 높이려는 것이다. MS는 메타버스 게임 '마인크래프트(Minecraft)', 메타버스 협업 플랫폼 '메시(Mesh)', '팀즈(Teams)', 그리고 클라우드 및 인공지능 등에서 이미 선도적인 역량을 보유하고 있다. MS의 XR+D.N.A 역량이 IVAS(통합 비주얼 증강 시스템)와 홀로렌즈에 집결되어 미군에서 혁신을 일으키고, 이 혁신은 다시 전 산업으로 퍼져나가 혁명이 될 것으로 보인다.

미국 국방부는 메타버스를 통한 훈련, 즉, 합성훈련환경(Synthetic Training Environment, STE)에 주력하고 있다. 합성훈련환경(STE)은 실시간(Live), 가상(Virtual), 건설적(Constructive) 훈련을 지원한다. 증강현실, 가상현실 등 다양한 형태의 메타버스가 국방훈련과 연계되는 것이다. 2018년부터 본격화된 합성훈련환경은 기존의 국방훈련 방식에 한계를 인식한 것에서 비롯되었다. 이전에도 메타버스를 활용한 국방훈련은 이루어져 왔다. 국방훈련을 세분화하여 가상현실, 혹은 증강현실 등 다양한 형태의 메타버스 방식으로 훈련 프로그램이 제작되었다. 하지만 각각의 메타버스 훈련 프로그램들은 몰입 수준이 낮았고, 훈련 프로그램 속 가상인간의 지능화 수준도 낮았으며, 상호작용도 부족했다. 여러 훈련 프로그램에서 이루어진 훈련 데이터 결과가 통합적으로 저장, 활용, 분석되지도 못했다. 더구나 육군, 공군, 해군이 함께하는 융합 형태의 훈련도 불가능했으며, 훈련 프로그램에 사용되는 3D 공간도 프로그램별로 제각각 다르게 사용되었다.[13] 이런 이유로 많은 메타버스 국방훈련 프로그램을 만들었으나 활용도는 낮고, 다시 로그인할 유인도 사라지게 되는 것이다.

그래서 새로운 합성훈련환경(STE)은 기존의 메타버스 훈련환경을 고도화하고 통합하여 그러한 문제를 해결하고자 하는 것이다. 하나의 3D 공간 지도를 사용하고, 인공지능을 통해 메타버스 프로그램 안의 객체가 지능적이고 역동적으로 반응하며, 다양한 훈련의 결과는 통합되어 데이터로 저장되고 분석된다. 육군, 공군, 해군, 경찰 등과 서로 융합된 형태의 훈련을 실행할 수 있어 다양한 훈련 시뮬레이션이 가능하다. MS와 협력하는 IVAS(통합 비주얼 증강 시스템)는 합성훈련환경과 연계되어 있다. 결국 기존의 국방훈련 메타버스는 4I(Imagination, Immersion, Intelligence, Interaction)가 효율적으로 연계되지 않고 독립적으로 운영되었기에, 이제는 이를 통합, 고도화하여 미래를 준비하고 있는 것이다. 합성훈련환경은 2021년 4분기에 초기운용역량 요건을 갖추고, 2023년에는 완전운용역량 확보를 예상하고 있다.[14]

◆ 미 육군의 합성훈련환경(Synthetic Training Environment, STE)

출처 : The U.S.Army, IVAS(Integrated Visual Augmentation System)

이처럼 미국은 민관협력을 통해 XR+D.N.A 역량을 집결하고 이를 통해 국방 메타버스를 고도화하고 있다. 이 역량은 국방에 국한되지 않고 전 산업과 사회로 파급될 것이다. 한국도 민관이 협력해서 메타버스 경쟁력을 집결시켜야 할 시기다.

메타버스가 그리는 교육의 미래

인재와 교육의 중요성은 아무리 강조해도 지나침이 없다. 새로운 메타버스 혁명의 시기에 교육은 어떤 변화가 필요할까? 기본적인 방향은 좋은 메타버스 교육 프로그램을 많이 만들고 플랫폼을 통해 공유하여 많은 선생님과 학생들이 활용할 수 있게 하는 것이다. 여기서 중요한 점은 메타버스 교육 프로그램에 4I(Imagination, Immersion, Intelligence, Interaction)가 유기적으로 연계되어 있는가이다. 이는 앞서 언급한 미국의 국방 교육훈련과 맥을 같이한다. 가상융합(XR), 인공지능, 빅 데이터를 활용한 교육 프로그램은 지금도 많이 있고 계속 제작되고 있다. 문제는 모두 각각의 기술 중심에서 제작되어, 효과가 낮다는 점이다.

메타버스 스쿨(Metaverse School)이라는 스타트업은 다양한 메타버스 교육환경을 지원하고 수업에 필요한 도구들을 제공한다. 이 메타버스 환경을 통해 우주 교육 수업을 한다고 생각해 보자. 학생들은 가상공간인 명왕성을 돌아다니며 구경하고 HMD(Head Mount Display) 컨트롤러나 PC 마우스, 모바일 터치 등을 활용해 우주에 대한 설명을 읽거나 듣게 된다. 물리적 이동이 없는 온라인 방식이고, 몰입을 느꼈으며, 사전에 기획된 명왕성에 관한 정보를 간단한 상호작용을 통해 확인했다. 학생들은 명왕성에 대해 모두 배웠을까? 이 메타버스 교육 프로그램에 정말로 다시 들어오고 싶을까? 다시 로그인할 유인이 크지 않아 보인다.

최근 구글은 인공지능 '람다(Lamda)'를 개발자 컨퍼런스에서 발표했다. 람다는 학생이 궁금해하는 수많은 질문에 직접 대답하고 대화한다. 이 람다가 가상의 명왕성 공간에 있으면 어떻게 될까? 학생들은 몰입해서 지능을 가진 람다와 적극적으로 상호작용을 한다. 햅틱 글러브(haptic glove)를 통해 명왕성의 표면을 느끼고, 슈트(suit)로 압력을 경험하기도 한다.

이러한 상상이 구현된 수업에서는 교사의 역할도 바뀔 수 있다. 교사는 수업 전에 학생들에게 람다를 먼저 만나 궁금한 사항을 확인하고 오라는 과제를 낸다. 학생들은 모두 개별적으로 람다를 만나 수많은 질문과 대답을 들은 후 교사를 만난다. 이제 학생과 교사는 명왕성에 대해 높은 수준의 토론을 시작할 수 있다. 학생들이 람다와의 대화에서 어떤 질문을 가장 많이 했는지, 무엇을 궁금해했는지 데이터로 확인하고 분석할 수 있다. 교사는 가만히 앉아 있는 학생들에게 하나의 교재로 과거처럼 일방적인 수업을 진행하지 않는다. 교사는 편향성 없는 람다를 만드는 과정에 참여하고, 새로운 지식을 람다에 피드백한다. 그리고 인공지능이 주지 못하는 지혜와 통찰을 학생들과 논한다.

4I가 연계된 메타버스 대학이 생기면 어떨까? 시공간을 초월한 교육 프로그램을 설계하고, 교수와 학생 간의 일방적인 지식전달을 넘어선 새

로운 메타버스 교육을 구상해 보면 어떨까? 한국의 교육은 어떻게 메타버스로 전환될 것인가? 인터넷 시대의 사이버 대학은 메타버스 시대에 어떻게 변해야 할까? 학교와 국가에, 먼저 상상하고 4I를 연계한 메타버스 혁신이 기다리고 있다.

◆ 메타버스 학교의 우주 수업(좌) 및 구글의 명왕성 람다(우)

출처 : https://metaverse.school/; Google IO 발표자료

신뢰하고 공감할 수 있는 메타버스 만들기

메타버스는 우리에게 무한한 혁신의 기회를 주지만, 그에 상응하는 사회·윤리적 문제들을 야기할 것이다. 안전하고 신뢰할 수 있는 메타버스가 형성되어야 혁신의 기회도 더 크게 열린다. 신뢰할 수 있는 메타버스를 만들기 위해서 정부의 역할은 필수적이다. XR+D.N.A라는 범용기술의 복합체가 어떠한 위험을 만들어낼지 정확히 예측하기 어렵고, 그러한 위험이 실제 발생하지 않은 상황에서 규제하는 데에도 한계가 있다. 따라

서 메타버스로 인해 발생할 위험을 계속해 예측하고 현재의 법과 제도를 점검하면서 이를 어떻게 수용할지 미래지향적으로 대처해야 한다.

유럽연합(EU)은 2021년 4월에 신뢰 가능한 인공지능을 위한 법적 체계를 제안하였다. 인공지능의 확산으로 규제의 필요성이 대두되고 있는 가운데 등장한 최초의 법안이기 때문에 앞으로 관련 규제의 설정 방향과 시장에 큰 영향을 미칠 것으로 전망된다.

인공지능에 대한 신뢰성 이슈는 메타버스와 직결된다. 인공지능은 가상융합(XR), 데이터 기술과 연계되어 가상공간에서 수많은 아바타와 지능화된 환경을 만들고, 그 속에서 다양한 사회문제를 해결하고, 산업을 혁신할 것이기 때문이다. 유럽연합의 인공지능 신뢰성에 대한 규제 방향은 위험 수준을 고려한다는 것이다. 유럽연합은 위험 수준을 용인할 수 없는 위험(Unacceptable risk), 고위험(High risk), 낮은 위험(Low or minimal risk)으로 분류하고 그에 맞는 규제를 권고하였다. 이를 메타버스와 연관하여 해석하면, 구현된 메타버스가 사람들의 잠재의식에 영향을 끼쳐 사람들의 행동을 왜곡하거나 조작하게 되면 이는 용인할 수 없는 위험의 영역에 해당한다. 나이, 신체적 또는 정신적 장애 등이 있는 특정 그룹의 취약성을 악용하는 경우도 용인할 수 없는 위험에 해당한다. 유럽연합의 기준에 근거하면 이러한 메타버스는 금지되는 것이다.

고위험으로 분류된 메타버스는 엄격한 규제를 받는다. 생명과 관련된 의료, 철도 등 사회기반 시설, 교육 관련 입학 평가, 채용 등 전 산업의 다양한 영역이 포함된다. 고위험 메타버스로 분류되면, 위험관리 시스템을 구축해야 하며, 이용자에게 투명한 정보를 제공해야 하고, 사람에

의한 감독이 동반되어야 하는 등 다양한 요구사항이 존재한다.[15] 메타버스에 인공지능이 전혀 개입되어 있지 않다면 위의 규제는 상관이 없을 수 있다. 하지만 향후 구현될 메타버스에서 인공지능이 제외될 가능성은 매우 희박해 보인다.

2025년까지 지식 근로자의 50%가 매일 가상비서(Virtual Assistant)를 사용할 전망이다.[16] 메타버스 신뢰성에 대한 논의는 이제 시작단계다. 그 안에 해결해야 할 난제들이 많이 있지만, 이제 하나둘씩 수면 위로 꺼내고, 다양한 이해관계자와 토론하여 방향을 찾고 제도개선 방안을 모색해야 한다.

메타버스에서 생기는 위험에 대해 기업들의 기술조치와 자율규제 이행도 매우 필요하다. 가상공간에서 아바타의 성추행 문제가 발생하자 다른 아바타를 저지시킬 수 있는 퍼스널 버블(Personal Bubble) 기능이 생긴 것처럼, 구현된 메타버스 내에서 생길 수 있는 위험에 대해 기업들은 미리 준비하고, 위험이 발생한다면 빠르게 기술조치를 취하여 피해자가 양산되지 않도록 유의해야 한다.

사람들이 메타버스를 신뢰하고, 선의를 위해 사용하고, 이를 통해 서로를 공감할 수 있다면 찰스 디킨스의 말처럼 모두에게 이로울 것이다. 우리는 차별, 전쟁, 기후, 빈곤, 고립, 불평등, 장애 등 너무나도 많은 사회문제에 직면해 있다. 향후 이런 사회문제를 해결하고, 이런 문제에 직면한 사람들을 공감하는 데에도 메타버스가 중요한 역할을 할 수 있다. 신뢰하고 공감할 수 있는 메타버스를 만드는 일에 정부와 기업, 사용자 모두의 노력이 필요하다.

메타버스에서
새로운 인생을 설계하라

부캐의 전성시대

사람들은 다양한 자아, 멀티 페르소나(Multi Persona)를 가지고 있다. 설문 조사 결과에 따르면, 직장인의 77.6%가 회사에서 자신의 모습이 평상시와 다르다고 응답했다. 특히 나이가 어릴수록 이런 경향은 더욱 강하게 나타난다. 20대는 80.3%, 30대는 78%가 다르다고 응답했다. 사회에서의 '나'와 본래의 '나'가 다르다는 것이다.[17]

또 다른 설문결과의 내용도 흥미롭다. 퇴근 후에도 45.1%의 직장인이 업무와 연결되어 있다고 응답했다. 영혼은 회사에 두고 몸만 퇴근한 것이다. 이러한 성향은 직급이 높을수록 높게 나타난다. 부장급은 퇴근 후에도 67.9%가 업무와 연결되어 있다고 응답했다. 반면, 사원급의 62.8%는 퇴근과 동시에 업무를 중단한다고 응답했다.

누군가의 영혼은 종일 회사에 있고, 반대로 누군가는 영혼을 집에 두고 퇴근 후 찾으러 간다. 후자의 경우일수록 멀티 페르소나를 표출하고 싶은 욕구가 강할 것이다. 즉, 부캐를 찾고 실행할 것이다. '부캐'란 온라인 게임에서 본래 사용하던 계정이나 캐릭터 외에 새롭게 만든 '부가 캐릭터'를 일컫는 줄임말로서, 개인들이 다양한 멀티 페르소나를 표출할 때 사용하는 용어다. 개그맨 유재석은 예능 프로그램 '놀면 뭐하니'에서 '유산슬', '유르페우스', '유두래곤', '지미 유' 등 다양한 부캐를 선보였다. 트로트 가수 유산슬은 '합정역 5번 출구', '사랑의 재개발' 등의 노래를 통해 큰 인기를 얻었고, 유재석은 부캐 '유산슬'로 신인상을 받았다. 또한, 가수 이효리(린다G), 비(비룡)와 함께 결성한 혼성그룹 '싹쓰리'에서 유재석은 '유두래곤'으로 변신하여 음악방송 1위를 차지하기도 했다. 대중들은 멀티 페르소나로 다양한 인생을 사는 유재석에게 열광했다. 이후 많은 연예인들이 부캐를 만들어 활동하면서 부캐는 트렌드로 자리 잡았다.

2020년 방탄소년단은 'Map of the Soul : Persona'라는 앨범을 발표하면서, 유엔 특별연설을 통해 전 세계 청소년들에게 "자신을 사랑하고 또 다른 자아를 개발하라."는 화두를 던졌다. 페르소나는 혼자 있을 때 남몰래 벗는 자기방어적 가면이 아니라 자신의 장점과 정체성을 확장한다는 의미를 내포하고 있다. 사람들은 부캐 문화에 대해 대체로 긍정적 반응을 보인 것으로 나타났다. 설문 조사결과에 따르면,[18] 64.9%가 부캐 문화에 대해 긍정적이라고 응답했다. 부정적이라고 응답한 사람은 7%에 불과했다. 부캐 문화 열풍에 긍정적 답변을 보인 이유로는,[19] 다양한 자아 정체성 표출(53.1%), 새로운 자아 발견(41.0%), 현실에서 포기된 꿈 및 취미 실현(30.2%) 등을 꼽았다. 응답자의 16.3%는 현재 부캐를 가지고 있는 것으로 나타났으며, 56.3%는 현재는 없지만 향후 가지고 싶다고 응답함으로써 부캐 소유에 대한 선호도가 높은 것으로 나타났다.

부캐라는 용어는 최근에 집중 조명을 받고 있지만, 메타버스에서는 이미 수많은 부캐들이 자신들의 페르소나를 표현하며 활동하고 있다. 중요한 점은 이들이 급격히 증가할 것이며, 진화할 것이고, 새로운 변화를 만들어 내고 있다는 것이다.

메타버스에서 부캐로 사는 사람들

메타버스 유형으로 구분하자면 라이프 로깅(Life logging)에 가까운 '유튜브', 가상세계(Virtual World) 서비스의 선두주자인 '로블록스'는 각각 2005년, 2004년에 설립되었다. 이들 기업은 설립 후 지금까지 15년이 넘었고, 그 시간 동안 꾸준히 자신의 페르소나를 찾는 사람들에게 그들을 표현할 생산 플랫폼을 제공했고, 디지털 창작활동을 통해 자신을 마음껏 표현할 수 있도록 지원했다.

2005년 처음 서비스를 시작한 유튜브는 현재 전 세계에서 20억 명 이상의 사람들이 사용하고 있다. 하루 평균 1억 개, 분당 400시간의 새로운 영상이 업로드되고, 사람들은 하루 평균 10억 시간 이상을 사용한다. 국내에서는 전체 인구의 83%가 유튜브를 사용한다. 유튜브에서 '페르소나'라고 할 수 있는 개인 채널 수만 2,430만 개에 이른다. 사람들이 산업과 사회의 모든 영역에 걸쳐 유튜브에서 자신을 표현하고 돈도 벌고 있다. 실제 유튜브로 수익을 창출하는 채널[20] 수는 미국이 약 49.6만 개, 인도 37.9만 개, 브라질 23.6만 개, 인도네시아 19.2만 개, 일본 15.4만 개, 러시아 13.1만 개, 한국 9.8만 개 등이다.[21] 수많은 개인 유튜버들이 메타버스에서 돈을 벌고, 이들의 활동은 오프라인과도 연결되어 있다. 가상과 현실을 오가며 자신의 페르소나를 표현하고, 새로운 가치를 만들고 있다.

월간 이용자 수 1억 6,600만 명에 하루 평균 이용자 수는 3,713만 명, 동시 접속자 수는 570만 명을 넘나들고, 한번 시작하면 평균 2시간 26분을 이용하는 플랫폼, 바로 '로블록스'다. 로블록스의 경쟁력은 사용자에게 있다. 사용자가 직접 게임을 만들고 친구들을 부른다. 재미있는 게임은 판매되고 만든 사람은 돈을 벌 수 있다. 마치 게임계의 유튜브 같다. 로블록스는 Z세대에게 게임으로 자신을 표현할 수 있도록 '로블록스 스튜디오'라는 생산 플랫폼을 제공했고, 이를 통해 다양한 게임이 창작되었다. 2020년 말 기준 로블록스에서 게임을 만든 사람은 800만 명이며, 이들이 만든 누적 게임 수는 5,000만 개가 넘는다. 온갖 종류의 게임이 만들어지고, 가상 콘서트도 열린다.

로블록스는 메타버스 게임 플랫폼이지만, Z세대는 이곳에서 많은 소통을 하고 있다. 로블록스가 2020년에 청소년 이용자 3,000명을 대상으로 조사한 결과, 응답자의 62%는 '대화'를 주요 활동으로 꼽았다. 게임도 하지만 소통을 더 많이 하고 있다. 자신의 페르소나를 다양하게 표출하는 것이다.

로블록스에 '탈옥수와 경찰(Jailbreak)'이라는 인기 게임이 있다. 알렉스 발판즈라는 학생이 만든 게임이다. 그는 로블록스에서 만난 친구와 9세 때부터 게임 개발에 몰두했고, 고등학교 3학년이던 2017년 이 게임을 출시했다. '탈옥수와 경찰' 게임의 누적 이용자 수는 48억 명을 넘겼으며, 게임 내 아이템 판매액은 연간 수십억 원에 달한다. 그는 현재 듀크대에서 컴퓨터과학을 전공 중에 있다.

2020년 기준 로블록스는 게임 개발자들에게 3억 2,900만 달러(약 3,731억 원)의 수익을 배분했다. 미국의 벤처 캐피털 '메리테크'의 크레이그 셔먼 경영 이사는 로블록스를 유튜브 같은 창업 플랫폼이라고 언급하며, 로블록스에 구축된 경제 구조가 현실 세계의 직업으로 연결될 만큼 높은 수익성을 가졌다고 평가했다. 미국 CNBC는 2020년 로블록스에서 127만 명의 개발자가 벌어들인 평균 수익은 1만 달러(약 1,300만 원), 상위 300명은 10만 달러(약 1억 1300만 원) 이상을 벌어들였다고 보도했다.

사람들은 서서히 메타버스에 적응해 나갔다. 2018년에 설립된 메타버스 생활 플랫폼 '제페토'는 불과 2년 만에 2억 명이 넘는 사용자를 모았다. 제페토에는 옷, 신발, 가상공간(Map) 등 다양한 생활 아이템과 공간을 만들 수 있는 '제페토 스튜디오'가 있다. 이용자들은 이 스튜디오를 통해 아이템을 만들고 판매해서 돈도 번다. 제페토 스튜디오를 이용해 아이템을 만드는 사람은 이미 70만 명을 넘어섰고, 제작된 아이템 수는 200만 개에 달한다. 가상공간은 2만 개가 넘는다. 이용자가 제작한 아이템도 2,500만 개 이상 팔렸다. 제페토에서 판매된 아이템 매출의 80%는 이용자가 스튜디오를 통해 제작해서 만든 아이템이다. 제페토가 성장할수록 이 비중은 더욱 낮아지게 될 것이다. 제페토에는 이제 새로운 스튜디오가 추가될 예정이다. 바로 게임이다. 로블록스처럼 이용자들이 제페토에서 게임을 만들어 판매도 할 수 있게 된다.

부캐는 메타버스의 발전으로 새로운 기회를 맞을 것이다. 새로운 메타버스 플랫폼이 계속 진화하고 등장하고 있다. 2D 화면에서 3D 공간으로 메타버스가 진화하면서, 오프라인에서는 상상할 수도 없는 직업이 메타버스에서 더 많이 생겨날 것이다. 메타버스 생산 플랫폼은 다양해질 것이다. 사용자들은 이를 이용해서 실제로 돈을 벌고, 그 돈으로 가상과 현실을 오가며 생활할 것이다. 사람들은 다양한 메타버스 생산, 제작 플랫폼으로 인간×공간×시간을 혁신할 것이고, 새로운 디지털 창작물을 만들어 판매할 것이다. 이로써 가상과 현실이 상호작용한다. 그리고 서로 발전하는 공진화가 형성된다. 이러한 현상은 전 산업과 사회로 퍼지고 새로운 가치를 만들어낸다. 바로, 메타버스에서 일어날 일들이다.

메타버스 시대에 뜨는 직업들

산업혁명, 인터넷 혁명이 그러했듯, 새로운 혁명의 시대에는 늘 새로운 직업이 생겨났고, 또 사라지기도 했다. 네이버 제페토에서 활동하는 크리에이터 렌지(25)씨는 가상 의류 디자이너다. 메타버스에서 아바타 의상을 만들어 판매한다. 렌지는 제페토 스튜디오에서 상상만 해봤던, 입고 싶었던 옷을 직접 만들었다. 그렇게 시작한 것이 어느새 직업이 되었다. 렌지는 2021년 3월에만 1,500만 원의 수익을 창출했다. 부캐를 통해 꿈을 펼치는 공간 제페토에서, 렌지도 가상직업으로 자신의 꿈을 이루고 있다. 렌지가 만든 옷은 전 세계를 통해 실시간으로 팔린다. 수출되는 것이다.

스타트업 '클로-셋 커넥트'는 가상패션 원단과 부자재를 판매한다. 다양한 질감과 색감의 원단, 부자재 중 원하는 것을 고른 뒤 구매해 가상 제품에 적용하면 된다. 메타버스에서는 수많은 가상공간이 필요하므로 사람들이 선호하는 공간을 미리 제작해 판매하는 메타버스 건축가도 있다. 메타버스 전문가 캐시 해클은 메타버스와 관련된 새로운 직업으로, 홀로그램 레거시(hologram legacy) 변호사를 소개했다. 홀로그램은 실물과 똑같이 보이게 하는 영상 기법으로, 이미 세상에는 없는 이들을 무대 위로 소환할 수 있다. 홀로그램 레거시 변호사들은 망자의 모습을 홀로그램으로 구현한 의도를 판단하거나, 고인이 죽기 전 홀로그램을 받아들일지 확인하는 일을 한다.

향후 현실에서의 직업은 다양한 방식으로 메타버스에서 전환될 수 있다. 그리고 메타버스에서만 존재하는 새로운 직업도 무수히 생겨날 것이다. 2D 웹 시대에서의 블로거, 유튜버 등의 크리에이터가 3D 메타버스 시대의 크리에이터로 진화할 것이다. 유튜브가 유튜버라는 새로운 직업을 만들고 개인들에게 수많은 기회를 제공했던 것처럼, 새로운 메타버스 플랫폼에서도 개인들이 만들어가는 혁신은 계속될 것이다. 제페토는 '다이아 티비(DIA TV)'와의 제휴를 통해 콘텐츠 및 크리에이터 시너지를 강화하고 있다. 유튜브 크리에이터들이 제페토로 진출하고, 반대로 제페토의 인플루언서들이 유튜브로 진출하는 상호협력 모델이다. 현실이 답답한가? 현실을 넘어, 자신의 역량을 메타버스에서 발휘해보자. 새로운 기회를 메타버스에서 찾아보자. 메타버스에서 이루어진 꿈은 다시 현실로 연결될 것이다.

메타버스 샷(Shot)을
추진하자

1957년 소비에트연방은 인공위성 스푸트니크 1호 발사에 성공한다. 이에 충격을 받은 미국은 문샷(Moon shot) 프로젝트를 추진한다. 당시 존 F.케네디는 "달을 더 잘 보기 위해 망원경의 성능을 높이는 대신 아예 달에 갈 수 있는 탐사선을 만들겠다. 우리는 이번 60년대가 끝나기 전에 인간을 달에 보낼 것이다."라고 언급했다. 이 비전(Vision)과 미션(Mission)을 실행하기 위해 미국항공우주국(NASA)을 신설하고 수많은 기관들과 기술이 목표를 위해 협력하고 융합하는 프로젝트, 인간을 달에 보내는 아폴로계획이 추진되었다. 미국은 1969년 최초로 인간을 달에 착륙시켰다. 문샷(Moon shot) 프로젝트는 여기서 시작되었고, 구글(Google)은 스스로 문샷 프로젝트를 만들고 도전하고, 실행하고 있다.

구글은 '구글X'라는 조직을 운영하여, 인간의 미래를 바꿀 거대한 목표를 설정하고 이를 해결할 아이디어를 찾아 도전하고 있다. 구글X 프로젝트 중에 잘 알려진 기업은 자율주행 기업 웨이모(Waymo)이다. 구글X 내의 자율주행 프로젝트로 시작해서 지금은 별도의 회사로 설립되어 알파벳의 자회사가 되었다.

메타버스 혁명의 시대에는 현실에서 불가능했던 것들을 상상(Imagination)하고 실행할 수 있다. 기존의 문제를 전혀 다른 시각으로 접근할 수 있다. 아인슈타인의 말처럼, 오늘날 세상에 존재하는 문제는 그것을 만들어낸 수준의 사고로는 해결할 수 없다. 기존의 고정관념을 버리고 메타버스에서 새로운 상상을 해보자. 새로운 메타버스 샷(Metaverse shot) 프로젝트를 만드는 것이다. 현실에서 메타버스를 잘 보기 위해 노력하지 말고, 과감하게 메타버스 속으로 들어가자. 메타버스 샷 비전과 목표를 세우고, 이를 달성하기 위해 4I(Imagination, Immersion, Intelligence, Interaction)를 정렬하자. 지금 모호한 비전과 목표를 위해 수많은 4I 관련 프로젝트를 개별적으로 진행하고 있지는 않은가? 개별 과제들은 주변을 둘러보지 않은 채 앞만 보고 달려가고 있지는 않은가? 종료된 수많은 메타버스 프로젝트에 사람들은 다시 로그인(Log in)하고 싶어 하는가? 엄청난 자원들이 목표를 읽은 채 난사(亂射)되고 있지는 않은지 생각해 봐야 한다. 국가, 기업, 개인들 각자의 메타버스 샷을 만들고, 과녁을 정조준해보자. 그곳에서 새로운 미래를 만나자.

: 참고자료 :

1장. 로그인 메타버스

1 아시아경제(2021.4.20), "기업분할 SKT...박정호 메타버스 기업으로 간다."

2 www.abc7news.com, "Blockeley University hosts virtual commencement on Minecraft for UC Berkeley students".

3 www.mbcsportsplus.com, "가상공간 '메타버스'에서 출정식을? 한화의 파격, 사이버 공간까지 진출".

4 조선일보(2021.05.07), "DGB 금융지주 경영진 메타버스로 가상회의 진행".

5 PwC(2019), "Seeing is Beliveing".

6 Acceleration Studies Foundation(2007), 양광호(2006), 류철균(2007)의 내용을 종합하여 저자 정의; 이승환, 「비대면 시대의 Game changer, XR」, 2021 ICT 산업전망 Conference, 2020.

7 사이버펑크란 컴퓨터에 익숙하면서 기존 사회 체제나 가치들에 반항하는 정서를 지닌 젊은이들, 또는 그들의 스타일을 의미한다.

8 Acceleration Studies Foundation(2006), "Metaverse Roadmap, Pathway to the 3D Web".

9 Ark Investment Management(2021.1) "Big Ideas Report 2021".

10 동아 비지니스 리뷰(2016.8), "원초적 재미에 빠진 AR/VR 산업현장, 고객체험의 틀이 돼야 산다."

11 Steven Johnson(2016), "Wonderland : How Play Made the Modern World".

12 www.elec4.co.kr, "VR, 파괴되는 가상과 현실의 경계"(2015.9.7.).

13 중앙일보(2008.9.23.) "세계 최초, 한국 최초의 게임들".

14 아주경제(2021.02.03.) "이번엔 부활할까? 싸이월드 22년 흥망성쇠".

15 중앙일보(2021.04.03.), "아바타끼리 연애하고 회사도 만든다. 메타버스 플랫폼 제페토의 미래".

16 NonFungible, L'ATELIER, "Non-fungible tokens yearly report 2020".

17 CryptoArt.io.

18 블로터(2020.10.19.), [블록먼데이] "NFT서 미래 봤다"… '더샌드박스'가 꿈꾸는 블록체인 게임.

19 Coindesk Korea(2021.4.1.), "NFT시장 급성장, 커지는 위작·저작권 분쟁".

2장. 메타버스 혁명

1 Samsung Newsroom(2016.06.08.), "웨어러블 기기, 그 진화의 끝은".

2 KITA Market Report(2021.03.03.), "2020년 웨어러블 디바이스 시장 동향".

3 Facebook(2021.03.18.), "손목 위의 HCI: 차세대 컴퓨팅 플랫폼을 위한 손목 기반 상호작용".

4 Facebook(2021.03.18.), "손목 위의 HCI: 차세대 컴퓨팅 플랫폼을 위한 손목 기반 상호작용".

5 LG CNS(2018.03.14.), "AR, 스마트폰이 사라질 세계를 예언하다."

6 Bresnahan, T. F. and M. Trajtenberg (1995), "General Purpose Technologies-Engines of Growth?," Journal of Econometrics , Vol.65, No.1, 83-108.

7 IHS(2017), "The 5G Economy: How 5G Technology will Contribute to the Global Economy,": KT경제경영연구소(2018) "5G의 사회경제적 파급효과 분석"

8 Innovate UK(2018) "Immersive Economy in the UK".

9 PWC(2019), "Seeing is Believing : How VR and AR will transform business and the economy".

10 Christiaan Hogendorn & Brett, "Infrastructure and general purpose technologies: a technology flow framework", Frischmann European Journal of

Law and Economics volume 50, pages 469-488(2020); KT경제경영연구소(2018) "5G의 사회경제적 파급효과 분석".

11 B. Joseph Pine II and James H. Gilmore, "Welcome to the Experience Economy", Harvard Business Review July-August 1998.

12 LG CNS(2013.11.18.), "당신이 경험한 오늘은?"

13 영국의 Innovate UK는 실감경제를 실감기술(Immersive Technology)을 적용하여 산업, 사회, 문화적 가치를 창출하는 경제로 정의하고 있다.

14 관계부처 합동(2020), "가상융합경제 발전전략; 가상융합경제의 개념은 영국 Innovate UK가 정의한 실감경제(Immersive Economy)와 유사하다.

15 John Dewey(1938), Experience and Education, New York: Simon & Schuster Inc, 35, 42 ; 상호작용의 원리는 경험의 주체와 환경이 어느 한쪽에서만 작용을 가하는 것이 아닌 상호작용하여 결합됨으로써 성립된다는 의미이며, 연속의 원리란 모든 경험은 앞에서 이루어진 경험에서 무엇인가를 받아 얻는 동시에, 뒤따르는 경험의 질을 어떤 방식으로든지 변경시킨다는 것을 의미한다.

16 Qualcomm Technologies(2018), "The mobile future of augmented reality"; Grigore Burdea and Philippe Coiffet, "Virtual Reality Technology", John Wiley & Sons, 1993.

17 미디어 풍요성: 매개된 커뮤니케이션 상황에서 많은 정보를 얼마나 다양한 단서를 통해서 전달할 수 있는가 하는 미디어의 능력을 의미(Datf, et al., 1986).

18 Daft, R.L.; Lengel, R.H. (1984). Cummings, L.L.; Staw, B.M. (eds.). "Information richness: a new approach to managerial behavior and organizational design". Research in Organizational Behavior. 6: 191-233. Daft, R.L.; Lengel, R.H. (1986). "Organizational information requirements, media richness and structural design". Management Science. 32 (5): 554-571..

19 Allan Pease, Barabara Pease, The Definitive Book of Body Language, The Orion Publishing Group Ltd., 2006.

20 김선호 외(2016), "VR 저널리즘 연구".

21 GamesBest(2021.1.28.), "The metaverse will feel alive once 'storytelling'

becomes.

22 Gallagher, S. (2000). Philosophical concepts of the self: Implications for cognitive sciences. Trends in Cognitive Sciences, 4, 14 –21.

23 M Botvinick, J Cohen, Rubber Hands 'Feel Touch' That Eyes See, NATURE, VOL 391, 19 FEBRUARY 1998.

24 Petkova, V. I., & Ehrsson, H. H. (2008). If I were you: perceptual illusion of body swapping. PloS one, 3(12), e3832.

25 김진서 등, "휴먼 케어를 위한 초실감 감성 상호작용 기술", 전자통신동향분석 제36권 제1호 2021년 2월.

26 Porter, Michael E., and James E. Heppelmann, "Why Every Organization Needs an Augmented Reality Strategy.", Harvard Business Review 95, no. 6 (November–December 2017): 46 –57.

27 Edgar Dale(1946,1954,1969), Audio-visual methods in teaching. New York: Dryden Press.

28 Edgar Dale(1946,1954,1969), Audio-visual methods in teaching. New York: Dryden Press ; Porter, Michael E., and James E. Heppelmann, "Why Every Organization Needs an Augmented Reality Strategy.", Harvard Business Review 95, no. 6(November–December 2017): 46 –57.

29 DMC XR 기술세미나(2021), "Next Media, KT Immersive Media의 현재와 미래".

30 인크루트 보도자료(2020.4.14.), 성인남녀 절반 이상, "코로나 블루 경험했다"

31 Linville, P. W. (1985). Self-complexity and affective extremity: Don't put all of your eggs in one cognitive basket. Social Cognition, 3, 94-120. ; Linville, P. W. (1987). Self-complexity as a cognitive buffer against stress-related illness and depression. Journal of Personality and Social Psychology, 52, 663-676.

32 Bloter(2020.05.08.), "증강현실 글래스 시장잠재력을 낙관하는 이유"

33 Blooloop(2020.11.18.), "Disney is creating a 'theme park metaverse' using AI, AR and IoT"

34 매일경제(2020.11.22.) "2~3년 뒤에 가상현실이 새 플랫폼이 된다."

35 IT조선(2021.2.27) "할리우드 맞먹는 승리호 CG 비결은 R&D".

36 Deloitte, Soul Machines, Unreal Engine, 박민영(2021)의 내용을 종합하여 저자 정의.

37 Allan Pease, Barabara Pease, The Definitive Book of Body Language, The Orion Publishing Group Ltd., 2006.

38 전문교육 없이도 광범위한 영역에서 저렴한 비용으로 비즈니스 프로세스, 경제 분석 등 전문 분야에 접근 가능.

39 Marketsandmarkets(2020.7.) "Global Forecast to 2025".

40 Anthony J. Bradley(2020.8.10.), "Brace Yourself for an Explosion of Virtual Assistants", Gartner Blog.

41 Virtway, Teooh, Rumii, MeetingRoom, ENGAGE, Dream, Frotell Reality, MeetinVR, VirBELA, The Wild, Sketchbox, VIZIBLE, AltspaceVR, logloo, Meeting Owl, Spatial, Glue 등.

42 T Times(2020.10.22.) "1년 만에 유니콘 건너뛰고, 2조 원 회사 된 호핀".

43 조선비즈(2020.5.14.), "AR로 회의 하세요"... 스페이셜, 원격 회의 솔루션 무료 공개.

44 아직 홀로렌즈 등의 가격이 고가로 형성되어 있어 평균가격은 다소 높으나, 최근 출시된 '오큘러스 퀘스트2'의 가격은 299$까지 하락하여 평균가 차이가 존재.

45 The Gamer(2021.2.2.) "Oculus Quest 2 Sells 1.4 Million Units In Q4 2020.

46 www.bloter.net "SKT '오큘러스 퀘스트2' 재입고 4분 만에 완판… 인기 비결은?".

47 Upload VR(2021.3.3.) "Oculus Quest 2 Is Now The Most-Used VR Headset On Steam".

48 www.bloter.net "SKT '오큘러스 퀘스트 2'재입고 4분 만에 완판… 인기 비결은?".

49 Roadtovr(2021.1.27.) Zuckerberg: Quest 2 'on track to be first mainstream VR headset', Next Headset Confirmed.

50 Mashable(2020.9.17) "Oculus Quest 2 review: VR finally goes mainstream".

51 조선일보(2022.03.22.) "42조 원 가치, 로블록스...게임 만들고 친구와 즐겨".

52 UPLOADVR(2021.04.04.) "Why Sony's VR Ambitions May Outgrow Play Station."

53 www.oculus.com(2021.2.2.), "FROM BEAR TO BULL: HOW OCULUS QUEST 2 IS CHANGING THE GAME FOR VR".

54 Spatial Web 특허를 메타버스로 총칭하여 해석하였으며, Acceleration Studies Foundation(2006)은 "Metaverse Roadmap, Pathway to the 3D Web"에서 표현한 것처럼 메타버스와 3D Web, Spatial Web을 유사 개념으로 언급.

55 Techcrunch.com(2018.8.30.) "Apple buys Denver startup building waveguide lenses for AR glasses".

56 www.bloomberge.com(2020.05.15.), "Apple Acquires Startup NextVR that Broadcasts VR Content".

57 Wallstreet Journal(2020.05.14.), "Apple Buys Virtual-Reality Streaming Upstart NextVR".

58 CNN(2021.1.27.) "Microsoft patented a chat bot that would let you talk to dead people. It was too disturbing for production".

59 전자신문(2021.01.13.) "반지의 제왕 애플, 스마트 링 특허 등장"; theguru(2021.01.05.), "애플, VR 장갑 특허 획득… '메타버스' 시대 준비".

60 VRSCOUT(2021.01.26.) "HaptX Launches True-Contact Haptic Gloves For VR And Robotics"; VRFOCUS(2020.10.09.) "The Virtuix Omni One Is A Consumer VR Treadmill For 2021".

61 ARK Investment(2021) "Big idea 2021".

62 대신증권(2019) "VR/AR 스마트폰 이후의 파괴적 혁신"; 스타트업 자본 조달 사이클은 생애주기에 따라 크게 Seed, A,B,C로 나누어지고, C이후에는 공모 시장 진출에 근접했다는 뜻에서 Pre-IPO 또는 Pre-exit으로 불림.

3장. 메타버스, 산업을 바꾸다 : 메타버스+X

1. 산업 지각변동의 진원, 메타버스

1 Accenture(2019), "Waking up to a new reality : Building a responsible future for immersive technologies".

2 IDC(2019)"The Impact of Augmented Reality on Operations Workers".

2. 메타버스와 제조 혁신

1 동아사이언스(2019.11.13.), "미래 공장은 무엇으로 구성될까?".

2 매일경제(12.20), "VR 공간에 모인 전 세계 개발자들… 가상융합기술로 新車 기획도".

3. 메타버스와 유통 혁신

1 폴리뉴스(2019.12.10.), "가성비 극대화, 쇼루밍족 vs 역쇼루밍족 통해 본 쇼핑 트렌드는?".

2 Accenture(2020.9.), "Try it. Trust it. Buy it.: Opening the door to the next wave of digital commerce.

3 vertebrae(2020), "eCommerce Evolves Due to Consumer Demands: Immersive Experiences with 3D & AR Emerge".

4 CTECH(2020.5.31.), "Zeekit's Virtual Fitting Rooms Replaced Asos's Fashion Shoots During Covid-19 Crisis".

5 Market&Market 전망자료.

6 한국경제(2020.6.16.), "AR로 가상 메이크업…佛 로레알, 온라인 매출 53% 급증".

7 WWW.dhl.com, "DHL, 물류 현장의 디지털화 실현! 스마트 안경을 통한 물류 솔루션, '비전 피킹' 기술 선보여".

8 이데일리(2021.5.26.), "신대륙 메타버스로 향하는 유통업체들 이제 시작".

4. 메타버스와 광고 혁신

1 본사 기준.

2 미디어 오늘(2020.5.16.), "KBS·MBC 광고 매출 추락, 바닥이 없다".

5. 메타버스와 교육 혁신

1 Eric Krokos, Catherine Plaisant, Amitabh Varshney "Virtual memory palaces: immersion aids recall" Virtual Reality, Published online 16 May 2018, Springer-Verlag London Ltd., part of Springer Nature 201811 W.

2 소프트웨어정책연구소(2020), 글로벌 XR 최신동향 및 시사점.

3 PwC(2020.6.25.), "The effectivness of Virtual Reality Soft Skills Training in the

Enterprise".

4 www.ciokorea.com(2018.6.15), "실제 항공사고를 완벽 재현, 세계 최대 항공대의 VR 활용법".

5 www.fortunekorea.co.kr(2019.3.5.), "수술실의 현실이 된 가상현실".

6 www.fortunekorea.co.kr(2019.3.5.), "수술실의 현실이 된 가상현실".

7 Forbes(Mar 9, 2020), "Virtual Reality For Good Use Cases: From Educating On Racial Bias To Pain Relief During Childbirth".

8 www.kozminski.edu.pl.

6. 메타버스와 문화관광 혁신

1 NEWSIS(2020.10.27.), '메타 퍼포먼스: 미래극장'은 "게임+콘서트+체험의 골때리는 공".

2 매일경제(2020.4.8.), "핸들 잡고, 사이클 타고...가상공간에서 한판 붙자."

3 서울경제(2020. 5.24), "카트라이더 응원도 VR로 즐겨라".

4 중앙일보(2020.4.26.), "코로나가 바꾼 LoL 결승전…아바타 응원에 VR 생중계".

5 동아일보(2020.6.13), "젊은 세대 열광 e스포츠, 올림픽 문 열 수 있을까?"

6 Forbes(2020.4.27.), "Ranked: The World's 15 Best Virtual Tours To Take During Coronavirus".

7 조선일보(2020.4.7.), "코로나19에 따른 재택 갑갑증 VR여행으로 푼다."

7. 메타버스와 부동산 혁신

1 매일일보(2020.9.28.), "건설중개 업계는 이미 언택트 활발".

4장. 메타버스, 사회를 바꾸다

1. 선의를 위한 메타버스

1 서울신문(2018.12.23.), 달콤한 사이언스, 다 큰 어른들이 산타를 믿는다고?

2 KBS NEWS(2020.05.28.), "미국의 불편한 진실…끝나지 않는 인종 차별".

3 indiewire(Aug 28, 2019), ‘Traveling While Black’: Roger Ross Williams VR Doc Reclaims ‘Green Book’ Narrative.

4 Domna Banakou et al., “Virtual Embodiment of White People in a Black Virtual Body Leads to a Sustained Reduction in Their Implicit Racial Bias” Frontier in Human Neuroscience, 29. Nov, 2016.

5 Forbes(Feb12, 2020), “Automated Virtual Reality Therapy Pioneer Oxford VR Secures Record $12.5 Million Investment”.

6 Forbes(Feb12, 2020), “Automated Virtual Reality Therapy Pioneer Oxford VR Secures Record $12.5 Million Investment”.

7 Science Times(2016.1.15.), “현실로 다가온 가상현실 치료법”.

8 www.bloter.net, “장애치료를 돕는 따뜻한 가상현실”.

9 Science Times(2016.1.15.), “현실로 다가온 가상현실 치료법”.

10 www.media.dglab.com, “VR利用で吃音症を改善するアプリ「Domolens」が描く未来”.

11 The science times(2005.09.07.), “눈과 시각, 빛으로 보는 세상”.

12 노컷뉴스(2017.08.03.), “2050년 시각장애인 숫자 지금의 3배로 증가할 것”.

13 www.vrscout.com, “Denmark Is Turning To VR To Combat Teen Drinking Problem”(2019.3.18).

2. 메타버스와 공공 혁신

1 www.vrscout.com, “NYPD Uses Location-Based VR For Active Shooter Training”.

2 김한섭 외(2018), “가상현실 기반 범죄 프로파일링 시뮬레이션 교육 및 평가 시스템”.

3 www.news.kddi.com, “JR西日本における「VR (仮想現実)」による災害対策ツ_ルの概要について”.

4 LGCNS(2018.11.13.) “물리적 세계와 디지털 세계의 통합”.

1 과학기술정책연구원(2015), "이머징 기술의 위험에 대한 회복력 관점에서의 대응방안".

2 Anderson, Stuart and Massimo Felici(2012), Emerging Technological risk, Springer London.

3 www.huffingtonpost.kr(2017.1.24.), "지난주 저는 가상현실에서 성추행을 당했습니다."

4 Upload VR(2016.10.25.), "Dealing with Harassment in VR".

5 조선일보(2021.4.22.), "벗어봐 초등학생들 가상현실서 아바타 성희롱".

6 www.techm.kr(2020.12.12) "글로벌 음란물 사이트 폰허브, 전 세계 비난에 백기?"

7 www.econovill.com(2019.6.19.), "국내 성인 콘텐츠 규제 또다시 갑론을박 왜?"

8 2019년 기준, 태블릿 포함.

9 www.ajunews.com(2019.04.10.), "5G 덕후 기다리는 성인용 콘텐츠 시장".

10 www.vrn.co.kr(2015.09.01.), "너티 아메리카, VR 포르노 사업 진출로 제2 전성기".

11 www.econovill.com(2018.09.24.) "가상현실 붐을 일으킬 선도산업은 역시 포르노?"

12 www.fnnews.com/news(2019.01.13.) [CES 2019] VR·AR산업 이끄는 가상현실(VR) 포르노 체험해보니.

13 https://copyright.newsnstory.com, "배워봅시다, 딥러닝과 만난 가짜, 딥페이크(Deepfake)".

14 Ruben Tolosana et al, Deepfakes and Beyond: A Survey of Face Manipulation and Fake Detection. Journal of latex class files, Vol. 13, No. 9, March 2016.

15 소프트웨어정책연구소(2020), "빅데이터로 본 딥페이크, 가짜와의 전쟁".

16 한국경제(2021.2.28), '그것이 알고 싶다' 소름 끼치는 딥페이크 기술 "손이 부들부들".

17 국가정보원(2021.05.26.) "국제범죄 알리미, 신종사이버 사기 딥페이크 주의".

18 MIT Technology Review(2021.2.24.), "Deepfake porn is ruining women's lives. Now the law may finally ban it."

19 www.wsj.com(Aug. 30, 2019), "Fraudsters Used AI to Mimic CEO's Voice in Unusual Cybercrime Case".

20 한국일보(2021.4.4.) "페이스북이 또... 5억 여명 이름, 전화번호 유출".

21 Jeremy Bailenson(2018.8.6.), "Protecting Nonverbal Data Tracked in Virtual Reality" JAMA Pediatrics.

22 Nature research, Scientific reports, "Personal identifability of user tracking data during observation of 360-degree VR video".

23 ITIF (2021),"Balancing User Privacy and Innovation in Augmented and Virtual Reality.

24 www.eff.org "If privacy dies in VR, It dies in real life".

24 한국저작권위원회(2021), "NFT를 둘러싼, 최근 이슈와 저작권 쟁점".

6장. 메타버스 트랜스포메이션 전략

1 동아사이언스(2020.01.17.), "공룡 대멸종 원인은 소행성 충돌...화산 폭발 아냐".

2 동아비지니스 리뷰(2017.11), "무대, 대사, 플롯도 없는 기괴한 공연? 참여와 소통으로 놀라운 몰입감 제공하다."

3 머니투데이(2021.05.29.), '부캐 놀이터'된 메타버스, Z세대가 열광하는 이유.

4 www.businessinsider.com(2020.11.17.), A ton of industries are selling things Gen Z doesn't care about, like alcohol, razorblades, and even cars.

5 이코노믹리뷰(2019.03.31.), "채용, 교육에 가상현실 도입기업 급증".

6 머니투데이(2019.03.05.), 빅히트 엔터테인먼트, ② 빅히트의 결정들.

7 The OECD 2019 Digital Government Index.

8 행정안전부(2020.10.16), "대한민국, 제1회 경제협력개발기구(OECD) 디지털정부평가 종합 1위".

9 Steven Johnson, Wonderland: How Play Made the Modern World, 244-255.

10 Charles Dickens, Household Words, Vol. 1, 1850, 73-77.

11 Steven Johnson, Wonderland: How Play Made the Modern World, 244-255.

12 www.cutimes.com, "Virtual Reality Banking Gamifies GTE Financial".

13 The Association of the United States Army(2020), "The Synthetic Training

Environment".

14 U.S. Army(2019.10.8.), "Army testing synthetic training environment platforms".

15 European Commission(2021.4.21), Proposal for a REGULATION OF THE EUROPEAN PARLIAMENT AND OF THE COUNCIL LAYING DOWN HARMONISED RULES ON ARTIFICIAL INTELLIGENCE (ARTIFICIAL INTELLIGENCE ACT) AND AMENDING CERTAIN UNION LEGISLATIVE ACTS.

16 Anthony J. Bradley(2020.8.10.), "Brace Yourself for an Explosion of Virtual Assistants", Gartner Blog.

17 잡코리아, 멀티 페르소나 설문 조사결과.

18 잡코리아와 알바몬의 부캐 문화 열풍 조사결과.

19 복수 응답 결과.

20 유튜브 수익 창출 채널은 구독자 1,000명과 연간 누적 시청시간 4,000시간을 통해 광고를 붙일 수 있는, 사실상 전업 유튜버 채널을 의미.

21 유튜브 통계분석 전문업체인 '플레이보드' 자료 기반.

메타버스 비긴즈 : 인간×공간×시간의 혁명

메타버스 비긴즈

인간×공간×시간의 혁명

초판 1쇄 발행 2021년 08월 10일
초판 3쇄 발행 2021년 11월 15일

지은이 이승환
펴낸곳 굿모닝미디어
펴낸이 이병훈

출판등록 1999년 9월 1일 제10-1819호
주소 서울시 마포구 동교로 50길 8, 201호
전화 02) 3141-8609
팩스 02) 6442-6185
전자우편 goodmanpb@naver.com

ISBN 978-89-89874-41-6 03320